孤高の歩み

虚無から創造精神へ

梅崎幸吉
UMEZAKI KOKICHI

幻冬舎 MC

孤高の歩み

―虚無から創造精神へ―

まえがき

古今を問わず真の自己認識とは厳しいことであるが、我々の誰もが各自の方法で探求を成していく。

真摯に自己探求を突き詰めていくと精神世界へと至る。私は二十六歳の時に強烈な神秘体験をした。霊界に自然参入したのである。この時は名状し難い叡智《えいち》の光が私の過去の魂を全て焼き尽くした。四年後、それはルドルフ・シュタイナーの著作を通して霊的認識による純粋思考体験であると分かった。

私はそれまで人間の用いる言葉は一切信用してはいなかった。だが、内的体験以降は言葉が心身のバランス保持に不可欠となった。私は哲学や心理学、文学等を読み漁り、似たような体験者を探した。

日本では名状し難い懊悩を魂の奥深くに蔵した小林秀雄が最も近しい存在であった。しかし、私の裡には何かがまだ欠けていると常に感じていた。それ以降、私が読み漁《あさ》った書物のあらゆる存在達が、私に憑依するかのように語り始めた。死者との対話交流が嵐のごとく魂に群がり、日々やむことはなかった。それも昼夜問わず、生者、死者達の想念、情念等の流れを強烈に受け始めた。

日々の日常生活は、極限的緊張状態と不眠状態の中で異様な集中力と意志力をもって心身のバランスを維持することが精一杯であった。

三十歳の時にルドルフ・シュタイナーと出会った。当時はシュタイナーの著作は建築の本を含めて三冊くらいしか出版されていなかった。私が読み始めると同時に次々と翻訳本が出始めた。私が霊的に体験したことはシュタイナーの著作を読むと数ページで論理的に全て書かれていた。

しかし、私は身をもって経験しないと信用しない。

シュタイナー著作の『いかにして超感覚的世界の認識を獲得するか』（高

橋巖訳、イザラ書房、１９７９）の瞑想行を一ヶ月くらい実践した時に意識的に霊界に参入した。轟音とともに異様な速さで光のトンネルを通過して霊界参入し、眩《まばゆ》い光の空間の中で霊光に徹底的に焼き尽くされたのである。

私は霊界参入を通して様々な試練を味わった。試練後に今日の時代における自分の立ち位置、行動の基盤を決定した。

私は人類の未来のために「創造的人間関係」の土台を作るべく活動を開始した。対人間に処する方法は「魂の遠近法」であった。これはソクラテスの対話法の現代版である。あらゆる分野、教義問わず等々、神秘学的概念を用いずにどこまで対話でき得るか、である。

未だこの活動は今日では未知なる道である。世界中に唯物論が蔓延している今日の時代に、私の理想とする実現までには目が眩むほどの遠い道のりである。

これは私自身の魂が高次の自我へと変容して、今日の時代にふさわしい方法で活動してきたプロセスの記録であり、私と似たような体験と同じ理想を抱き歩む魂の里程標の一助になればと思い、本書を出版することにした。

「諸君に対し、また他の民衆に対し敢然抗争して、国家に行われる多くの不正と不法とを阻止せんとする者は、何人といえどもその生命を全くすることが出来ないであろう、むしろ、本当に正義のために戦わんと欲する者は、もし彼がたとえしばらくの間でも生きていようと思うならば、かならず私人として生活すべきであって、公人として活動すべきではないのである」

『ソクラテスの弁明　クリトン』
（プラトン著、久保勉訳、岩波文庫、１９２７）

目次

一、

私は昭和二十五年一月十七日に津留崎重幸と静香の次男として生まれた。

生家は九州の福岡県三潴《みずま》郡筑邦町《ちくほうまち》大善寺《だいぜんじ》の中津字荊津《あざおどろつ》という村であった。

父は婿養子であり、母は養女である。

私がそれを知ったのは両親の離婚の少し前であった。

義祖母のヤクは私が生まれた村で一人暮しであった。そこに母である静香が十五歳で養女となり、十六歳の時に父と見合い結婚した。その時、父は二十歳であった。

父が二十二歳の時に兄の謙治が生まれ、その二年後に私が生まれ、弟の渡が二年半後に生まれた。

父は長崎の佐世保で生まれ、幼い時にすでに両親を亡くしていた。母の静香は八女市から義祖母である津留崎ヤクの所に来た。

父は幼少時に両親を失って叔父に預けられ、そこで十歳の頃から仕事をさせられた。叔父は家具職人であった。父は十五歳の時にはすでに一人で箪笥を作れるほどの家具職人になり、無給でこき使う叔父の下を去って独立した。その後、転々として、縁があって祖母に気に入られた。


義祖母のヤクは気性の激しい女性であった。

私が三歳の時に義祖母の背中におんぶされていた時、私が面白がって揺さぶった。ふらつく義祖母を見て私はさらに揺さぶった。義祖母は私を背負ったまま、前のめりで倒れた。その時に義祖母の鼻が潰れた。倒れる時も私をしっかりと掴まえていたのである。

顔中血だらけの義祖母はそれでも私を心配して「何ともなかか？」と、何度も聞いた。私が悪かったのだが、義祖母は倒れたのは自分の年のせいだと人には言っていた。

私はそれ以来、二度と義祖母の背中を揺さぶらなくなった。

義祖母は私や兄弟の誰かが村人にいじわるされたり、何かされたりすると、その家に草刈り鎌を持って怒鳴り込んでいた。

「ヤクしゃんは、きつかけんなあ」

村人は義祖母を恐れていた。その理由は私にはまだ分からなかった。

だが、私達が村にとって「よそ者」であることがはっきりと分かったのは、義祖母が亡くなってからであった。

義祖母は私が小学二年の時に火傷が原因で死んだ。

冬の寒い日に火鉢を跨《また》いで身体を暖めていたのが命取りになった。垂れていた着物の紐が燃えて着物全体に広がったのである。気がついた時にはすでに手遅れであった。その日の夜に息絶えた。


義祖母が亡くなってから私の家庭の歯車が狂いだした。彼女の死で私の家族は村にとっては「よそ者」となった。

秋になると台風で筑後川の支流の川が氾濫し、村は毎年のように洪水になっていた。父が独立するために買っておいた木材が洪水によって全て流された。借財を返しながらの仕事と村人達の陰湿なよそ者に対する態度の心理的圧迫は徐々に父の神経を蝕《むしば》んでいった。

村人の態度と貧乏への苛立ちによって母の父に対する不満は募り、連日父と諍いを起こした。母の愚痴に苛立った父は食事中にちゃぶ台をよくひっくり返していた。

父は仕事場に行くのに自転車を利用していた。

父の様子がおかしいのに気づいたのは、私達に道で出会っても自転車を自分の意志で止めることができなくなってからである。極度の身体的過労と心労からくる神経症であった。

父の入院で私の家庭は一気に傾いた。

兄は優等生であったが病弱であった。弟は身体は小さいが気性が激しく、負けん気が強くて喧嘩ばかりしていた。私は体格も良く健康で力も強かったが、非常に内気で学校では皆の前では教科書を読むことや歌うこともできなかった。人前でトイレに行くことすら大変な勇気を必要とした。

学校での私へのいじめは陰湿であった。弁当の中に泥を入れられたり、教科書に落書きされたり、待ち伏せされて石を投げられたりした。私は力が強かったので、彼らが暴力を加えようとしても、逆に私に簡単に投げ飛ばされるだけであった。同学年での勝ち抜き相撲時は三十人以上に勝っても疲れなかった。しかし、私は勝ち負けの勝負事が嫌いであった。それと自分が目立つこともである。

父が知り合いからもらってきたクロという子犬がいた。私にはクロがいれば友達などは必要なかった。家庭と村との関係や学校のことも忘れさせるほどの強い絆で私とクロは結ばれていた。

父が入院するとすぐに母は働きに出始めた。家にはたまに帰って来たり来なかったりといった生活になった。外で仕事を始めた母は化粧をするようになった。始めはさほど遠くない場所で勤めていたのか、見知らぬ男が家によく遊びに来ていた。私達に飴とかお土産を持ってきていた。どの男達からも生臭くいやらしい匂いがしていた。そのうちに、母はほとんど家には帰らなくなってきた。

子供三人の生活が始まった。私は小学四年になっていた。兄が五年、弟はまだ一年生だった。この頃には学校の給食が始まっていた。だが、日曜や休日は私達の食う物は家には何もなかった。

秋を過ぎると自然の果物もなく、村の畑やお宮様のお供え物や魚取りが私達兄弟の生活の糧となった。弟は父の病院に行っては、父の食事を分けてもらったりしていた。

この頃にはすでに私達兄弟に対する村八分が露骨に行われていた。村の親達が自分の子供達に私達兄弟と遊ぶことを一切禁じたのである。

弟は村で差別された分、学校では同じ村の子供を喧嘩で押さえ付けていた。いわゆるガキ大将であった。

冬はさらに厳しい生活となった。犬のクロも自活を強いられた。当然、村人にとっては犬も私達と同じく、村のものを盗むよそ者であった。村人達にとっては誰が盗ったか分からぬものは全て私達の仕業《しわざ》になった。義祖母の凄い剣幕は、もう村人を怯えさせせることはなかった。

兄は学校の先生に気に入られていたし、弟はガキ大将であったが、私は内気で無口な子供を意識的に演じていた。

私は誰かに怒られても、何か文句を言われても一時間でも二時間でも無言でいることなど何でもなかった。嘘泣きして涙を流すこともできたのである。私は周囲に抵抗するにはまだ幼すぎた。無言が唯一の抵抗であった。納得できないものに対しては徹底的に無言を通した。皆、私の事を少し知能が足りないと思っていた。むしろ私にはそう思われていたほうがよかった。周りの人間は子供でも大人でも人間の姿をしている限り、私にとっては信じられる存在ではなかった。誰も彼もが力関係で動いていた。私はその関係を弱肉強食と名付けた。この原理はまだ当時の私の中では観念的な言語化はできなかったが、この世界を支配する唯一のものと確信していた。

私達に対する同情がなかったわけではない。村に、よその町から来た嫁がいた。村には共同風呂場があり、十数軒が持ち回りで風呂を焚いていた。脱衣場は別でも木造の風呂は混浴であった。一畳ほどの風呂桶には町から来た嫁は夜遅くに入りに来ていた。羞恥ゆえである。最後に入る者は浮かんだ湯垢をすくって入らねばならない。それでもその嫁は人が入り終わった頃に来る。

その嫁などが、夜中にこっそりと自分の家では食べない野菜のクズを置いていくことがたまにはあった。無論、見つかれば私達ほどではないが同類と見なされるからだ。

ある時、駐在所の若い警官が牛乳を二本持ってきてくれた。若い彼は同情的正義感に動かされたのだろう。

私の母は色白のふくよかな体形で男好きのする顔立ちであった。私は母が居酒屋で働いているのは分かっていた。恐らく、飲み屋ではさぞもてたに違いない。母は気紛れか、或いは嫌なことでもあったのか、たまに家に帰ってくる。しかし、帰宅しても家にいるのは、せいぜい四、五日である。その間に複数の男が家を訪ねてくる。相手によっては母は居留守を装うために私達を使った。「これはお父さんには内緒だ」と私達に少しの小遣いを渡した。

夜中に酔っ払って来る男もいたが、「ほっときなさい」と言って布団をかぶる。すでに布団の中は綿が千切れてぼろぼろである。雨の時は家中雨漏りだらけである。畳も腐って斜めに傾いている。藁ぶき屋根の古家でもあり、手入れをする者がいないと傷むのも早い。

母は、いつの間にか家からいなくなっていた。また、いつ帰ってくるかも分からなかった。

私の家が隣の農家の借地であるということも村人に教えてもらった。それも、毒を含んだ口調で、である。

私には何よりも愛犬クロと自然が支えだった。自然は村人のように干渉はしない。私は稲妻や地震、洪水が好きであった。天災は全てに対して公平だからであった。

洪水の風景の最初の記憶は私が三歳の時である。弟が二階の柱に縛られていて、村中が流れる泥水湖のようになった。死んだ牛、豚やヤギ、鶏、壊れた家具類などが流されていた。自宅の小さな庭の桐の木の細い小枝にはたくさんの蛇が巻き付いていた。毎年のように起こる洪水で泥水湖になった村に、町の消防団の人が船を漕ぎ、おにぎりを運んでくる。そのおにぎりの味は特にうまかった。

私達は冬でも夏の格好であった。足は裸足である。家には塩すらない。一度もらったタマネギを水煮で食べたことがある。だが口に含んでも不味い、それで無理に飲み込んだら胃が受け付けずに吐いた。その時はまる三日間何も食べていなかった。

水だけはいくらでも飲めた。家の狭い庭に井戸があったからだ。尤も、私達は川の水を飲んでも平気であった。すでに、半ば野生化していたのだろう。兄の病弱な身体も極貧のなかにあって丈夫になったのだから。そのような生活のなかで、私だけは同学年の中では一番太っていた。

春になれば食えるものは柳虫、ザリガニ、雷魚でも何でも食べた。だが、さすがに蛇は食べたことがない。私達兄弟は単に獣のように飢えていたのだ。ただ、普通の人間にある日常的感情は私には希薄であった。自分の欲しいものを手に入れることができなければ諦めるのは簡単であった。始めからないと思えばよかったのである。

私のこの合理的なものの考え方は幼い頃からすでに備わっていた。始めからないものであれば私の個人的な感情も起こらない。私はいわゆる人間の感情というものがよく理解できなかったし、少しでも私自身から生じる感情の出現自体がすこぶる不快であった。

何で他人は些細なことで感情的になるんだろう？　と。だが、他人と一緒のときは私も皆と似たものを出さないと逆に目立つ。私は他人からの干渉を極度に嫌ったのである。私にはその頃から客観性の強い個人主義的相対的意識が動物にも似た形で天性のものとして備わっていた。それをはっきりと自覚したのは両親の離婚を通してであった。

母は、父が完全に精神的病いが治っていない時に離婚を迫った。父と母は何度もお互いを罵《ののし》りあった。私はその光景を嫌というほど見せつけられた。子供の立場ではただ成り行きを見るしかなかった。母には男がいた。それも二人の子持ちの男である。離婚が成立してもまだ父は未練があるようで苦悩していた。私の意識の内では、一晩で自分の母は単なる他人となった。これは誰もが信じ難いと思う。まだ十歳の子供が簡単に母親を他人とみなせるかと。

しかし、私には実に簡単な意識の操作であった。私にとって親は、子供の面倒を見る限りはどんなことをしても親である。他の男と寝ようが泥棒しようが、さらに言えば人殺しをしても子供の面倒を見る限りは、私にとっては親である。だが、捨てるとなれば話は全く別である。

それまでは私が女に一番可愛がられていた。太った色白の大人しい素直な子供で、体温の高い私を女は湯たんぽ代わりに抱いて寝ていた。

私の本性を、女は全く見抜けなかった。女にとって自分の見栄と貧乏に対する嫌悪は当人にとって離婚の原因とはなっても、私達を捨てる理由とは全く関係のないことである。私は自分を育てる限りにおいて親とみなす。だが、子供を捨てれば、すでに親ではない。

私は他人となった女に執着する父の心情が分からないわけではなかった。それで一緒に演技で泣いた。私を引き取った父に私は同情しなければいけない、と自分で判断した。無論、一度きりではあったが。

父は私と兄を引き取ったので、すぐにでも仕事をしなければならない。だが、近辺では仕事はあまりなかった。木工所のかんな削り程度の仕事でも当時は少なかった。

両親の話し合いの結果、弟は女の所に引き取られた。だが、弟の住んでいる家の状況を聞くと私も兄も怒りの感情が湧いた。弟は久留米市に女とその男の家に住んでいて、そこからバスで私と同じ大善寺小学校に通っていた。小学校までは六つぐらいの停留所を数える距離である。

弟の住んでいた家には子供が二人いた。一人は中学一年の女の子で、下の男の子は私と変わらない年頃である。男は昼間から酒を飲み、子供達に新聞配達をさせている。そんな所に弟を置いておくわけにはいかない。

私と兄は弟から聞いた住所をたよりに久留米市に行った。久留米市は都会であった。私と兄は迷いつつ、何度も他人に聞きながらやっとたどり着いた。男の家を見つけるまで三時間くらいはかかった。古い一軒家である。私と兄は家の土間から男を見た。弟の話した通りの赤ら顔で小太りの中年男が酒を飲みながら偉そうに座っていた。中学一年の女の子は痩せていて態度もおどおどしている哀れな小動物の感じがした。男の子も小さく痩せていて何かを怖れている表情をしている。

女は男に気づかっているのか、迷惑そうな表情である。私と兄が来たことを父の指図だと思っているような怪訝な表情をしている。酒焼けした顔の男は生臭く、贅肉のついた不快な男であった。

弟に隙を見つけて帰ってこいと、バス代を渡して兄と私は家に戻った。弟は二日後、迷子になりながらも帰ってきた。間違えて二つ手前のバス停で降りたという。歩いているうちにお腹が空いてパンを買って食べたらバス代がない。そのうちに夜になり、雨の中で野宿したという。弟の話を聞くとよく家までたどり着いたと思う。恐らく獣と同じ帰巣本能であろうか。その時、弟はまだ七歳であった。

兄弟三人を見た父は、兄と私があんな奴の所には弟は置いてはおけないから連れ戻した、と言ったのを聞くと「石にかじりついてもお前達を育てる」と言って号泣していた。

その後も父は、酔っ払ってあの女の所に行っては罵りあいをしていたらしい。これは後日、父から聞いた話である。私のなかでは女からすでにメスという位置に格下げがなされていた。いや、動物のほうが自然の摂理に従っている以上、純粋であり格は上である。

たまたま久留米市内にある月星ゴムという工場に学校の見学があり、工場の近くの通りで偶然、女は知っている学校の先生を見つけた。私の学校であると分かったのである。

私を見つけた女は私に近づいてきた。女は私に百円玉を渡そうとしたが、私はそれを拒否した。その時、私は口には出さなかったが「他人からお金をもらう筋合いはない」と思っていた。

私の拒否行為は女にとってはかなりショックであったらしい。女は、私が自分に一番なついていて、自分のことを今までと変わりなく慕っているであろうと思っていたのだ。後日、父に猛然と抗議したらしい。

「あんたが、こうちゃんに変なことを吹き込んだんでしょう」と、女は泣き喚《わめ》きながら言ったという。

私は、父からその話を聞いた時に「自分がしたことが分かっているのか」と思った。

私は父があの女に未練があるのがかなり不快であった。なぜあんな女をスパッと切れないのか、私には理解できなかった。単に貧乏というだけで我が子を捨てるなど、もしそれが人間の弱さで当然であるならば、人間に生きる資格など絶対に認めない。虫けら以下の存在などさっさと滅べばよい、と。けれど、私の当時の年齢でそのようなことが考えられるわけがない。これは一般の視点の考えであった。

「おかあさんがいなくて寂しくないの？」この手の月並みな質問の多さに閉口した。

「いや、何ともない」私の答えに誰もが怪訝な顔をする。私にとって、この問答ほど不快なものはなかった。子供は母親になつくのが当然と思っている周囲の人間に対して、私は考えるのも不快なほどの蔑《さげす》みを覚えた。

「あなたには、まだおかあさんの気持ちは分からないのよ。人生には色々あるのよ」この手のうんざりする女どもの言葉には私は沈黙で答えた。

皆が言うような人生であれば、自分にはいらない！　と無言で語った。

私は大人だけではなく、幼い子供も権威や周囲に対して自己保存のための自己中心的な鋭敏さを例外なく持っていることを知っていた。

幼い子が純粋で無垢などと誰が言い出したか知らないが、全くの愚鈍《ぐどん》な解釈である。その解釈は生まれたての赤ん坊ならともかく、絵空事の観察としか言いようがない。恐らく、自分の鈍さを遮蔽《しゃへい》するために作り出された願望であろう。子供は単に自分の身を守るために備えている獣の特性に正直であるだけだ。

私自身が実際そうであったからだ。自分が例外だと思ったことはただの一度もない。他の子供や大人がこんな簡単な心理を見抜けないのか？　このことのほうが私には不可解であった。いわゆる体験不足による無知ならさておき、自分が子供であった頃、今現在子供である当人がそれを分からないとすれば、人間が作り上げたあらゆる幻想、空想、偏見にただ呪縛されているだけである。聡《さと》い子であればそんなことは知っている。大人は相手が子供というだけで何も分からないと高を括っている。私のような子供が例外だとすれば、実に悲惨な状態であると言わざるを得ない。当時の私にとって、周囲の愚鈍な人間を欺くのはたやすいことであった。

私は村で死体や人間の骨を多く見た。私の村は土葬であった。村では、多くの畑に点在する墓を掘り起こして、新築した納骨堂に納めるための作業がなされていた。私はその作業を非常に興味深く見学していた。白骨化したものが多かったが、まだ髪や肉が残っていて人間の形をしたものもたくさんあった。大きな土壷に蹲《うずくま》って、底には死体から出た水がたまっている。白骨化していない遺体は皆ドラム缶の中で焼く。腐敗した遺体を焼くときは異様な臭いがした。

髑髏《どくろ》は壊れた機械の部品のように山積みにされ、墓掘人達はそれを前にしながら昼飯を食う。かつて人間と呼ばれた者達の塊が積まれて山になっている。転がれば放り投げて上にのせる。ただの廃棄品と同じ物である。墓掘光景を見るのを村の子供は気持ち悪がった。

私は掘り起こされる前の墓場に生えている土筆《つくし》をよく取りに行った。栄養が豊富なせいか、川の土手に生えている土筆と比べて二倍くらいの大きさがあった。
作業員は、ただ機械的にひたすら掘り起こす作業に専念している。彼らも最初のうちは、物が物だけに少しは殊勝な気持ちはあったかも知れないが、数十ヶ所の墓となればいやでも慣れ、ただの物でしかなくなったのであろう。だから、転がると放り投げて積み上げるのである。

私は生物の防衛本能が様々な形で変形されていることに関心があった。だから私を一番可愛がってくれた義祖母の死も悲しいとは思わなかった。私の村は浄土真宗が多かった。通夜の夜は村人が私の家に集まって輪のようになり、大きな数珠を皆で回して祈るのである。その時、坊主がシンバルのようなものを叩いた。皆の深刻な顔や泣いているその光景の中でシンバルの音が不協和音として響き、私は無性におかしくなり大声で笑った。当然だが皆に睨まれて叱られた。だが、それでも私はおかしさをこらえて下を向いていた。兄は私と違って大声で泣いていた。

私の嫌いなものに坊主がいた。命の尊さを説く坊主が平気でよく他の命を食べていられるな、と思った。私にとって宗教も権威の一つにすぎない。まことしやかに命の尊さを説く坊主の頭を後ろからひっぱたいたらさぞ怒ることであろう。坊主の頭も木魚も同じ形に見えた。宗教家は断じて無償ではない。お金を払わなければ何もしない。商人とどこも違わない。目に見えない教義を用いて金で売っている。詐欺師とたいして変わらない。私は子供の時にそう思っていたのである。

墓掘の男達も金で動く。学校の先生も、坊主もみんな金だ。私は無償で活動し、生きている人間を知らなかった。この考えは私が成長しても簡単には変化しなかった。

私の目から見れば、同世代の子供は全てが幼稚であった。学校の先生も人の良い人はいたが、私から見れば、化粧をし、衣装を着飾った者にしか見えない。きつい言い方だが、人が良いとは愚鈍の異名にすぎぬ。私の人間に対する考えは、私の生来の素質と村人の悪意の差別を通してしたたかに鍛えられた。

尤も、村人達にとっては自分達の生活習慣や縄張り意識、異物に対する排除が自分達を守る苦肉の策であったのであろう。それは弱者である各個人が自分を守るための、したたかな知恵である。しかし、単に無知であることから生み出された姑息な知恵と私は理解した。彼らはその世界で一生を終えていくのだろう。彼らの生き方には私は何の興味もなかったし、私の関与することでもない。

私は、自分の不快な環境からは脱したかったが、それには私はまだ幼すぎただけである。

私を感動させるものは稲妻だけであった。稲妻が走ると私は外に出てよく見とれていた。

当時、私がどうしても友人になりたかった子供がいた。彼は、今で言う知的障がい者であった。しかし、当時の私は、そのことを理解できなかった。氷が張っている池や沼にも裸で平気で入ってしまう。その常軌を逸した行動は、私を感動させたのである。

彼は、私に唯一感動を与えた希有な存在であった。私は彼を自分に振り向かせるためにいろいろな手段を使った。彼は私を一瞬は見るが、次の瞬間には見ていない。私は、彼が見ているものを見たかった。

私も冬の薄氷が張っている沼に入ったことがある。魚を釣る釣り針が沼の底の何かに引っ掛かった時のことである。その釣り針を取ろうと水面から頭を沈めたとたんに刺すような痛みと苦しさに身体が硬直した、それでも潜ろうとしたが十秒と続かない。私にとって釣り針は生活の糧である魚を確保するための大事なものであった。

彼は私が備えていない特別な能力を持っている。私にとっては憧れの存在であった。彼は恐らくこの世で怖れるものはないかもしれないと私は思った。しかし、いつしか彼の姿を見ることもなくなった。私は、元々彼はこの世界には存在などしていなかったのだと思った。一応肉体はこの世にあったが、彼には肉体などあって無きがごとくのものであったのだろう。私は彼が羨ましかった。私が寂しいと感じたのは、彼を友人にできなかったことである。彼と親しくなれなかった寂しさと比べれば、親との別れなど何でもないことであった。

ある時、私の学校に変わった転校生がやってきた。各地方を巡業するサーカス団員の男の子であった。地方を転々としているせいか、何か雰囲気が違う。だが、私は彼とすぐ仲良くなった。

彼はいつも鉄棒でしなやかな身体を使って練習していた。彼は一ヶ月もすればまた違う土地に移動する。すぐに別れる友達は作らないほうが気楽である。私は、彼の憂いにも似た孤独のようなものに興味が湧いたのだろう。しかし、彼を捕えるのは簡単であった。彼はサーカスという環境のせいで他の同世代の者より体力には自信があったからだ。私はとんぼ返りや鉄棒で回転することはできなかったが、相撲は強かった。

私は彼に言った「相撲は強いの?」と。私は彼に簡単に勝った。彼は、私に負けたことがよほど悔しかったのか、何度も私に「もう一回」と言って挑戦してきた。しかし、彼はどうしても私には勝てなかった。

彼の自信は体力であった。幼い頃から身体を鍛えさせられている。彼は相撲でも腕相撲でも自信があったのに、それが崩された。彼は最後には疲れはて、悔しそうな顔をして「負けたのは、初めてだ」と言った。

彼は村はずれの一本松公園という所で家族や団員と暮らしていた。大きなテントが張られていた。私は彼の所によく遊びに行った。彼も私に対しては何か似たものを感じたのだろう。故郷を喪失した者の孤独にも似た感情を、である。

同世代で共感できた数少ない一人であった。だが、彼もすぐにいなくなった。

＊

近代以降の文学者、詩人達が謳《うた》った孤独は、私にとっては日常的意識であった。根本的な違いは、私にはそれが生来の素質としてあったということである。

私には、孤独は敢えて言葉にして言うほどのことではなかった。孤独とは社会生活における人間関係性の欠如、喪失の自覚化にほかならぬ。近代の心理学、哲学者の考察分析などは私の日常的なものであった。ただ、専門的な概念的言葉を私が知らなかっただけである。文学者の苦悩も孤独も、彼等は人間社会という既知の幻想に囚われて、その実体を知った時の観念的自覚、生存自体の不条理、無意味であるというなかでの「あがき」の姿であった。東洋の無常観も、西洋の無知の知も単に言い方の違いにすぎない。

近代人の悲喜劇は相対的意識が観念化、自覚され虚無的世界観となり、それを自覚したことが人生の方向性の喪失となったことに起因する。私の子供時代は、その近代人の悲劇的虚無的観念が日常的な感覚的知覚であった。

＊

私の父は五尺（約151・5センチ）の身長であった。

子供の頃から働いていたせいか、がっちりした筋肉質の体格であった。腕の力こぶを作って、その部分をぽんと叩くとぷくっとふくれるのをよく見せてくれた。

父は三度名字が変わっていた。離婚と同時に前の梅崎になった。その前は河村と言ったそうである。

父から、祖父はある時に突然狂ってしまったと聞いていた。父はその時の状況を詳しく話してくれた。

祖父は佐世保の下駄問屋の仕事をしていた家に生まれた。若い頃は相当遊んだらしい。祖父の仕事は卸した下駄屋の集金であったという。その集金した金をいつも遊興費に使い果たしていたらしく、それで勘当された。父が子供の時、祖父は天秤棒を担いで行商していた。父はよく祖父の後をついてまわっていたという。ある日、家に帰る途中のことである。道の真ん中に「大きい石があって通れない！」と祖父が言った。父が見ても道には何もない、その時に祖父の担いでいた天秤棒が二つに音をたてて折れたという。祖父は、何かに怯えるように自分の家とは反対のほうに追われるように走っていった。その時、父はまだ五歳くらいだったと聞いた。父は何だか恐くなって家に戻った。その後、祖父は一ヶ月以上もかかって実家に戻ったが、その時の様子はまるで乞食のような格好で疲労困憊していて、実家に着くとそのまま寝込み死んでしまったらしい。

父は祖父の異様で狂った時の様子を何度も「あん時は恐かった。天秤棒がぼきっと折れた、あんな太か棒が」と言いながら、見えない大きな石を見つめる祖父の恐怖の様子を身振り手振りで話してくれた。

父はよほど恐かったらしい。話す時の様子でそれはよく伝わった。自分が神経を病んだのも、祖父の血を引いているからだと思ったようである。

父の仕事は田舎ではほとんどなく、東京で仕事を見つけてくると言って、上京した。東京オリンピック開催の四年前である。

また兄弟だけの生活が始まった。だが、父は仕事を休んで一ヶ月ほどで戻ってきた。その頃の東京は建築ラッシュであった。父は東京で仕事は見つけたが、私達をすぐに東京に呼ぶことはできない、だが一緒に仕事をしている人の親戚が隣村にいるという。そこで私達を預かってもらうように話はついていると、言った。

父は二日以内に私達を隣村に連れて行かねばならなかった。私と苦楽を共にした犬のクロとの別れがきたのである。私の人生で終生忘れることのできぬ名状しがたい別離の苦悩が、犬のクロによって体験させられることになった。父はクロを可愛がってくれる家に引き取ってもらうから心配するなと言った。

*

父は知り合いから子犬をもらってきた。黒い犬だったのでクロと名付けた。子供の私は自分の分身のように可愛がった。毎日学校から帰ると暗くなるまで遊んだ。

ある日学校から帰ると、クロの姿がどこにもない。父は「犬殺しに、持っていかれたんだろう」と言った。当時、保健所の依頼で野犬狩りを職業とする人間のことを「犬殺し」と呼んでいた。

悲しむ私に父はまたもらってきてやると言った。私はまだ大人になっていなかったクロがかわいそうであった。両親が離婚する前に、父は前と似た犬をもらってきた。全身の毛が黒い雑種だったが、手足の先と目の上だけに白い毛があった。名前は前と同じクロにした。学校に行っている間は、犬殺しに持っていかれないように縄で家の中に縛っておいた。学校から帰ると縄をほどいてじゃれて遊んだ。クロはころころとしていて、歩き方もよたよたであった。

半年もすると自分を縛っている縄を簡単に噛み千切るようになった。私が家に近づくと走って迎えに来た。私は縄紐が無駄だと分かってクロを縛らなくなった。クロは身体は小さかったが、すばしっこく賢かった。一度だけ犬殺しと対決していたクロを見たことがあったが、犬捕縛《ほばく》が専門の相手では時間の問題であったであろう。「うちの犬だ！」と私が止めると、ちぇっと舌打ちして二人は去った。

首輪のない犬は片っ端から捕まえていたのである。

村八分の時も「お前んとこのバカ犬がうちの畑を荒らした」と、村人が怒鳴り込んできた。道端で違う村人に会うと「今度そのバカ犬をうちの畑で見たらぶち殺す」と言った。私達に食うものがないときは、クロにもない。クロは村のあちこちで自分の食べる物を漁っていたのである。少しでも食い物があればクロと分け合っていた。

村人にクロはよく吠えていた。村人がクロを棒でぶとうとしてもクロはすばしこかった。石を投げられても簡単には当たらない。彼らにとってはクロもよそ者の憎たらしい犬であった。寒い冬はぼろぼろの布団でクロと一緒に寝た。私とクロとは肉親以上の絆があった。

*

私が学校から帰るとクロの姿はなく、すでに父がクロをもらってくれる家に連れていっていた。家の前には小さなトラックがあり、引っ越しの荷物が積まれていた。荷物といってもたいした量ではない。私は自分の生まれ育った村に何の未練もなかったが、父は複雑な眼差しで流れ去る村の光景を見つめていた。

私達兄弟を預かってくれる家は、住んでいた家から五キロメートルくらい離れた大きな農家であった。父が一緒に仕事をしている人の親戚で、その家族も時期が来るまで預けられていた。父は何度も頭を下げてよろしくお願いしますと言っていた。「皆、仲良くして、ちゃんとしていろよ」と言って、その夜に東京へ行った。

Kという名前の家族には子供が三人いた。長女が私より一歳下で長男が弟と同い年、三人目はまだ六歳であった。預かってくれる家の人は皆親切であった。これで飢えることはなくなった。そこから今までの小学校に通うことになった。歩いて二時間近くかかる。前の家からも五十分はかかった。

どこにでも悪ガキやいじめっ子はいるもので、私達が預けられた村にもいた。いつも五、六人でたむろして行動する連中である。その村に来て何日か経ってから、村の空き地で私と兄は悪ガキに取り囲まれた。六人のうちの一人がナイフをちらつかせて私と兄を脅した。彼等流のよそ者に対する挨拶のようなものであろう。

私の兄は身体こそ丈夫ではなかったが、度胸があった。私は内心、胸がどきどきしていた。素手なら相撲と同じで何度も投げればよいが、相手はナイフを持っている。兄はナイフを持った相手を睨んで言った。

「刺せるものなら、刺してみろ」相手は本気で刺す気はなかったのか、兄の気迫に押されたのか、何かぶつぶつと言いながら去っていった。兄は私に言った。「いいか、脅されても怖がるな。怖がると、よけいに相手は面白がっていじめるぞ」と。兄の言ったことは当たっていた。私一人の時に悪ガキ達は取り囲んだのである。すでに薄暗くなり始めていた、私は兄の言葉を思い出していた。私は兄のようには相手を脅すことはできなかったが、無言で怖くないふりを続けることはできた。悪ガキは前回、自分の顔をつぶされたナイフの男がリーダーであった。私が怖がる風でもないと分かると「こいつ、変わってんな」とぶつぶつ言いながら離れていった。その後も様々に手を変えては嫌がらせをしてきた。

　預けられている村でもそんなことがあって、クロのことはたまに思い出す程度であった。

　ある日、学校から帰るとクロが飛び付いてきた。しきりにしっぽを振って私の周りをぐるぐると走り、飛び付いては喜んで吠えている。クロの首には首輪と丈夫そうな紐がついている。クロは紐を噛みきってきたのである。クロの口の周りが血で滲んでいた。普通の紐は簡単に噛みきるので丈夫な紐に変えたのであろうが、クロはそれを噛みきる時に自分の口の周りを傷つけたのである。私は嬉しかったが、私になついているクロを他人の家で飼うことは難しいと思った。

その日の夜に老夫婦が訪ねてきた。毎晩クロは哀しげな声で鳴いていたと言う。その声を老夫婦達も聞いていて辛かったそうである。普通の紐は噛みきられそうなので、丈夫な紐を何度も付けたらしい。穏やかで優しそうな老夫婦であった。

クロを引き取って帰る時は、我が子が何か悪さをしたかのように何度も頭を下げていた。私のなかで初めて感じる何とも言えない感情と熱いものが込み上げ、胸を圧迫して私は泣いた。

両親の離婚や祖母の死時にも泣かなかった私を、犬のクロは泣かせたのである。クロには私と離されなければならないのが分からないのである。私はそれを考えると、クロの悲しみのほうが私より苦しい理不尽な悲しみであると思った。私はその夜は一晩中悲しくて布団の中で泣いた。

私はしばらく言い難い無力感に苛まれた。どんな弁解も意味をなさなかった。自分が子供だからなどという言い訳は自分自身には通用しなかったのである。私も含めて人間の身勝手さをクロによって痛感させられた。

学校に行っても頭はいつもぼうっとしていた。別離がこんなに自分を苦しめるとは思いもしなかった。私は早く大人になりたい、とこの時ばかりは強く思った。だが、そう思っても身体の中で得体の知れぬ感情が私を萎えさせた。

私は、意識、無意識で非難していた薄汚い人間達の一人であることを犬のクロによって思い知らされた。だが、私はそんな自分自身をどう扱えばよいのか、ただ何もできない無力な自分をもてあますことしかできないまま、一日、一日と時は過ぎていった。

私の内で何かが変化した。ただ、それを当時は意識化はできず、さらに私の虚無感は深まった。

それでも私は生きている。私は田んぼのあぜ道を通りながら、初夏の日差しに照らされた稲穂のまぶしい新緑の風景の中を歩いている。蛙やバッタ、様々な生き物が私の周りにいる。この蛙や虫達も、私もまだ生きている。何の理由があって生きているのかも分からずに命が命を食い、その命をまた他の命が食い……。

ふいに私は一匹のヘビが蛙を頭から飲み込んでいる所に出くわした。まだヘビの口から蛙の足が出ている。以前の私はヘビが蛙を飲み込んでいたら棒で叩いて蛙を助けていた。私はその光景を一瞬立ち止まって見ていたが、この時はその場を逃げるように速足で遠ざかった。

預けられている家に着くと、よたよたと私に近づいてくる黒い犬がいる。クロであった。

クロの首輪から鉄のクサリがぢゃらぢゃらと音をたてて、その三メートルくらい先には三十センチほどの鉄の杭が付いている。クロは杭ごと引き抜いてきたのである。クサリは噛みきれなかったのであろう、クロは何度も噛み、それで今度は地中に打ち込まれた杭を噛んだりして抜いたのである。それで口の周りも首の周りも血だらけになった。クロはしゃがれた声で私に向かって嬉しそうに鳴いている。足も痛めて走れないようである。私はクロの傷口を井戸のきれいな水で洗った。私に会うため、クロは鉄のクサリを噛み、杭を抜くのに必死であっただろう。全身で杭を引っ張り、噛み、抜けばまた私に会える——。私に会うためには足が傷つこうが、首が裂けようが歯が折れようが何ともなかったのであろう。一番自分を可愛がっているこの私に会えるのだから。私はただ泣くしかなかった。泣いても無駄なのに。私はただクロの一途さに胸が押しつぶされ、苦しくて、悲しくて泣くことしかできない、怒りや悔しさやら何もかもが混ざり、言い知れぬ哀しみに襲われていた。

クロが来た夕方にまた、老夫婦は来た。前回と同じく自分の子が悪いことでもしたかのように何度も頭を下げていた。帰る時に私を見る老夫婦の眼差しには何ともいえぬ悲しみがあった。

私はこの時に、二度と犬は飼うまいと強く決意した。

二、

私が小学六年になってすぐに上京が決まった。クロのことは自分の胸の奥深くにしまった。

故郷を離れる感傷は微塵もなかったし、できれば思い出したくもないという気持ちのほうが強かった。

私達兄弟三人と、父の仕事仲間の家族四人で東京に向かった。当時は、急行でも福岡から東京まで二十五時間くらいかかった。

東京の渋谷区代々木が私達の新しい住所になった。

父はビルの型枠大工という仕事をしていた。小田急線がすぐ側を走っていて、代々木駅よりも南新宿駅に近い所に建てられたプレハブ造りの飯場《はんば》であった。

その頃は新宿駅西口の工事の段階であった。

飯場は二階建てで、一階に家族が住み、二階は男の独身者が老若含めて四十人前後同室に住んでいた。同じ敷地に下請けの会社の事務所が三棟あった。

私達兄弟は歩いて五分ほどの代々木小学校に通うことになった。預けられたKの子供も一緒であった。

私は東京には多くの人間が住んでいると思ったが、人の多さに驚くということはなかった。学校では九州弁丸出しで、始めは言葉遣いでよく笑われたが、たいして苦ではなかった。どこにでもガキ大将やいじめっ子がいるものだとも思った。東京のいじめは田舎に比べれば軽いものだった。私の相撲の強さは東京でも変わらなかった。ただ、私をはるかに上回る身長と体重の生徒が一人だけいた。当時の私は百四十センチほどで、体重は四十キロくらいであった。その生徒は私より十センチ背が高く、体重は私より二十キロは上回っていた。私が転校してくるまで無敵の存在であった。確かに体重差は相撲で実感した。小さな大人を相手にしているようだった。それでも、お互いに強さはほぼ互角であった。私も自分と互角で相撲ができる相手は初めてであった。

子供の社会では体力があるといじめられても高が知れていた。私はいやというほど田舎でそれを学んだ。同じ学校の五人に囲まれた時、私は何度も相手を投げ倒した。私が気の弱さを見せない限り相手はそんなにしつこくない。

私が生まれた村に比べれば東京は気楽であった。飯場では四畳半の一部屋に親子四人で生活したが、それも私には快適であった。少しやかましさはあったが、私達に干渉さえしなければ何も問題にするほどのことはなかった。弟も学年をしきっている番長と子分のような連中との喧嘩で自分を認めさせることにいそしんでいた。弟は相手が何人いようが関係ないことは私が一番知っている。相手が弟を殺さない限り、弟は喧嘩に勝つのである。弟は明治神宮での図工の写生会で三十人相手の大立ち回りを演じた。

私は、五歳の時に犬かきの泳ぎができた。だが、その前に三回溺れている。一度目は洪水の時だ。父が私を木製の丸たらいに乗せて泳いでいた時に、私がそのたらいを揺さぶった。それでひっくり返って濁った水の中に沈んだ。二度目は川で泳げない私を年上の少年が背中におぶったまま潜水したのである。私は水中で手を離して、水中の暗い緑色の岩を見たのを覚えているが、どのようにして助けられたかの記憶はない。三度目は川の泥採集で掘られた穴の中に落ち込み沈んだ。これも誰が助けてくれたのか覚えていない。恐らく私の頭を踏んだか、私のもがいている手が誰かに触ったのだろう。

東京に来て最初の夏である。小学校のプールは幅十メートル、長さ二十五メートルであった。田舎では競泳のときは川に二本ロープを張ってその距離で泳いだ。私は水泳パンツを穿いて泳いだことはない。だが、東京の学校では皆穿いている。私は泳ぎは得意であったがパンツがない。それで先生のパンツを借りてクラス対抗の競技に急遽参加することになった。私は水に入る前は丁度いい大きさだと思っていたが、飛び込んだ瞬間に穿いていたパンツが水の抵抗で膝まで下がった。水中で元に戻して泳ごうとしたが、すぐにずれる。片手で自分のパンツを押さえながら泳ぐ形になった。その結果、私の泳ぎを期待した皆をがっかりさせた。私は自分が陥った状況を恥ずかしくて説明できなかった。

私が近視であると分かって眼鏡をかけたのも東京に来てからである。すでに九州時代でも黒板の文字は見えなくて、何が書かれてあるか分からなかった。勉強が嫌いなのと、見えないのとが両方であった。

それと、私が学ぶことに抵抗したのは、モノの原理や法則を、記号や約束事として誰がどのような基準で決めたのか？　という疑問が常にあったためでもある。

例えば、記号はもとより、円周率などの計算を何もない状態でどうやって考え付いたのか、なぜ円は三百六十度なのか。直角が九十度であるのは、単に円に縦横に真っ直ぐに線を引き四で分割したものである。もしこれが四百度だとすれば直角は百度である。合理的に考えれば四百度のほうが簡単ではないか？

それに私の素朴な疑問である足し算、引き算にしても、物を同質の状況環境のものと設定し、全てが同じであるという前提が中々理解できなかった。

本来、合理的なものの考え方をする自分ではあったが、物事の基本の前提となる原理の説明がなされない限り、私の頭は動こうとしなかったのである。掛け算でも私はつまずいた。特に、この問題の根源的な問いは様々な形で後々まで続くのである。プラスとプラスを掛けるとプラスになる。だが、マイナスにマイナスを掛けるとプラスになる。これは私には何か手品のように思われた。これは、言葉で言えばこういうことだそうである。肯定を肯定すれば肯定となり、肯定を否定すると否定になり、否定を否定すると肯定となる。

しかし、私の頭はそうは考えなかった。否定を否定すれば、さらなる否定であって、どういうからくりでそれが肯定になるのか、と。これは鶏が先か、卵が先かという問題と似ている。私の思考はこの問題を引きずったまま中学を卒業することになるが、単に知識として鵜呑みにすることができない問いであった。当然、他の学業にも興味は持てなかった。

私は渋谷区立外苑中学校に入った。家から山手線沿いに歩いて四十分ほどである。帰りはよく明治神宮の中を通った。クラスは六組まであって、一クラスに五十人くらいいいた。各小学校から来たそれぞれの番長のような連中が勢力争いのようなことをしていた。

一年の時の担任は、社会科担当の女性の先生であった。二年の時は理科の男性教諭が担任である。中学になっても相撲の強さは役にたった。各小学校の番長が私に相撲で挑戦してきた。私は彼らに簡単に勝った。

普通の生徒を演じていた私には特に目だった事件はなかった。ごく一般の中学生が経験する軽いイタズラを皆に適当に合わせて過ごす大多数の一人の生徒であった。

父の名字は梅崎なのに、私達兄弟はまだ津留崎であった。父は手続きが手間取るのでそのままにしておいたらしい。しかし、それでたいして支障はなかったし、私達はあまり気にしてはいなかった。父は子供の時には大きく感じたが、私はすでに父と同じ背丈になっていた。卒業する時は百六十八センチ、六十八キロになっていた。

私が中学三年の時に東京オリンピックが開催された。私達は歩いても行ける千駄ヶ谷の近くの道路に手製の日の丸を持ちマラソンの応援に行った。アベベが優勝し、円谷《つぶらや》幸吉《こうきち》が三位になった。自分と同じ名前であったのでよく覚えている。

私は早く義務教育である中学を卒業したかった。私は三年の一学期の春の授業時に、社会に出るためには、一応人間として社会生活するための看板、隠れ蓑が必要だと思い、そのための仕事は何がよいかと考えた。自由で上下関係もなく、出来るだけ他人に触れず、独力ででき得ることを条件にした。消去法で最後に残ったのは、格闘技か芸術の世界であった。どちらも私の希望の条件を満たしている。しかし格闘技は白黒がはっきりしていて魅力的であったが、肉体はどんなに鍛えても限界がある。残るは芸術の世界であるが、独学で学校に行かずにできるとなれば限られる。音楽は駄目、文学は言葉を信用していないからと、結局最後に残ったのは画家である。これなら、紙と鉛筆一本でもできるし、家が狭くとも可能で自分の好きな世界を創られる。そして他人も干渉できない。私は画家になる、と決めた。この時十四歳であった。

私は特に絵が好きだったわけではない。普通の生徒と同じく写生会の時などは五分くらいで描いて後は遊んでいた。だが、自分の一生の仕事にするとなれば話は変わる。私は自らに鉄の掟を課した。

まず、毎日デッサンはもとより、時間がある限り常に絵を描くこと、好き嫌いで絵を見ないこと。十代は基礎作りのため、写実的な表現を徹底的にすること。絵に関すること以外は無駄な神経は一切使わないこと。それと女性に対しては修業の間は徹底的に無視すること。頑丈な肉体を作っておくこと。自分を甘えさせないために、手に他の技術を持たぬこと。半端な友達を作らぬこと。常に自分を追い詰めること。いわゆる、背水の陣を日常化すること。後はただこれらのことを野垂れ死に覚悟で実践すること。

私は、その日からすぐに実践に移った。授業中も私は自分の手を線だけで描くことを始めた。まず卒業するまでに最低千枚は描くことが目標であった。この枚数はクロッキーも含めると三ヶ月程で軽く突破した。私は毎日昼休みになると職員室に行き、美術の先生に見せた。彼は一水会という日展系の洋画団体の会員であった。私が毎日のように習作を持ってくるので先生は苦笑しながらもよく見てくれた。

美術の本も買ったが、あまり高い本は買えなかった。美術の本は高価であった。美術館にもよく行った。西洋美術館、当時は京橋にあった近代美術館、他は東西の有名な画家の美術展など、時間と金がある限り見に行った。あとは自然界が最も優れた先生であった。

私の弟は漫画が好きで、この時期は漫画を描いていた。兄は印刷会社に就職して夜間の蔵前工業高校に行っていた。

頑固な兄は中学で副会長をしていて成績もよかったので普通の高校を薦められていたのだが、自分の道は自分で切り開くと譲らなかった。会社の寮に住み込み、そこから会社までの五キロ前後の距離を自分を鍛えるために走っていたという。私と兄は一学年の違い、弟とは二歳半離れていたが遅生まれのために三学年の開きがあった。

当時、私は印象派のモネに一番親近感を感じた。明治神宮の中に内宮があり、モネが描いたのと同じ睡蓮があった。料金は取られたが学校が休みの日によくその睡蓮を描きに行った。生物や自画像などの他、夜は父の寝顔や手足をよく描いた。学校では自分の手以外に先生の戯画を描いた。モネが十五歳で描いた戯画にヒントを得たのである。ノートは何冊も数日で描きつくされた。デッサンを入れたら一日に五枚前後は描いている。クロッキー帳やスケッチブックを含めたら卒業までにゆうに四千枚を超えている。紙代も絵の具代もばかにならない金額になるため、私は白い紙なら何でも使ったし画用紙の両面にも描いた。

画家の伝記はよく読んだ。歴史に残っている画家の成長と生き方を参考にするためであった。ピカソは小学校しか行ってはいない。父親が美術学校の先生であったから、彼は美術学校に行っただけである。絵画を学ぶのに普通の授業は退屈なだけであった。私は早く中学を卒業したかった。

私は中学校で決められた会社に就職することが決まっていた。美術の先生は、これからの絵描きは高校ぐらい出ていたほうがいいと言ったが、私には全く興味がなかった。中学を卒業して、父に自分は画家になりたいから会社にはあまり行きたくないと言ったら「お前の好きにすればいい」と言った。私はこの時にやっと自分の好きなことができると、何ともいえぬ解放感を味わった。

内定していた会社から電報が二度来た。「シュッシャサレタシ」と書かれていた。私は学校には迷惑をかけたが無視した。

私は十五歳になっていた。まだ印象派の影響下にあった私は、自然界の四季の豊かな表情に酔っていた。私の描く風景の中には人間の姿はなかった。私は風景の中に人間を描くことに抵抗があった。人間が入ると自然が汚れると思っていたのである。

中学を卒業してから初めて油絵の具のセットを父に買ってもらった。私は二ヶ月ほど経って、父と同じ仕事を始めた。油絵の具や画材代、美術の本代は金がかかる。私の描く枚数は多かったし、画材などの金は自分で稼いだほうが気楽でもあった。

同じ飯場に一歳年上の友達がいた。彼に勧められてすでに煙草を覚えていた。父は私が煙草を吸っているのを知ってもどうせ隠れて吸うだろうからと、怒らなかった。

仕事は新宿駅西口であった。当分完成しそうもない規模の大きな建築現場であった。私の仕事は大工の手元であった。技術がないので材料の運搬移動、片付けなどである。それも足場の中の移動は中腰でしかできない。私は体力には自信があったから三十キロから五十キロの材料を中腰で常に運んでいたし、周りの大人にバカにされないように進んで重い物を運んでいた。

私はやっと自分で自分の面倒をみられるようになった。子供の頃に新聞配達などはやったことはあるが、大工の手元で得る給金は、それとは比較にならない金額であった。私は遠慮なく画材や美術の本を買うことができた。

弟も私の影響でデッサンを始めたのがきっかけで、漫画から絵画へと移行した。弟は中学二年の時には御隠居と呼ばれていた。気性の激しい弟は一年の時に各小学校の番長たちを打ちのめしてすでに番長ではあったが、私の影響で番長の座を他の子に譲っていた。それで皆に御隠居と呼ばれていた。頭髪もポマードでオールバックにしていた。

弟の画才は某先生をして「お前は天才だ」と驚嘆させていた。弟はレオナルド・ダ・ヴィンチやラファエロが好きで、すでにそれに近いデッサンや描写力を自分のものにしていた。

弟が十七歳で、銀座のある知られた画廊と専属契約したのも当然であった。後日、問題が生じ決別したのだが。

建築現場の仕事を始めて三ヶ月後に、私はついに腰を痛めた。数日経っても痛みは治まらず、病院に行った。ぎっくり腰である。腰に注射をして七日ほどすると治まったので仕事を始めたが、またもや腰を痛めた。

私は注射がなぜか嫌いであった。自分の身体に異物を入れられるのが極度に嫌いであった。私が小学六年の時に盲腸にかかった。痛くて学校を休んだが、三日ほどで楽になり学校に行ったらまた痛みだした。どうしようもなく痛いので、父に言って病院に行くことにしたのだが、お腹を押さえて歩いていると「何だ、たかが腹痛ぐらいで」と父は言った。その日に即入院して夕方に手術をした。盲腸は破裂寸前であった。
　翌日の早朝、トイレには壁を伝っていった。私は他人の手を借りて尿瓶《しびん》を使うのは恥ずかしくて嫌であった。退院してから盲腸の傷跡が化膿した。その部分に穴が開いたが、麻酔の時に腰に打った注射をまたされるくらいなら死んだほうがいいと思った。一ヶ月くらいで治ったが、おかげで筋肉と腹の皮が仲良くくっついてしまった。私のお腹にもう一つおへそが増えた。それほど注射が嫌いだった。幼い頃もよく注射の時には暴れた記憶がある。

*

　私が絵を描いて楽しかった時期は十四歳から十六歳までだろう。腰を痛めて肉体的重労働ができなくなっても絵は描けた。すでに十五歳から画廊喫茶などでの個展やグループ展は何度もしている。十六歳の時には友人と「1980年協会」というグループを結成して神田の画廊で一回目の開催をした。このグループ名は後に「北斗協会」に改名した。

私達一家は代々木の飯場から飯田橋に引っ越しをした。父が違う職場に移ったからである。

元ホテルの敷地にあった建築会社の集合飯場である。代々木の飯場でもたまには酒を飲んで暴れたり、喧嘩もあったが、飯田橋の飯場では毎日のように誰かが酔っ払っては喧嘩をしていた。様々な職種の人間や前科持ちなどが三百人くらいひしめいていた。この頃、近くの武道館にビートルズが来た。私も当時は長髪であった。一緒にされるのがいやで短くした覚えがある。弟はまだ中学三年であった。


この頃から私の家族に徐々に暗雲が立ち込め始めた。

兄は前の会社を辞めて神田の印刷会社に変わり、私達と同じ飯田橋に住んでいた。

ある日、父が休みの日に弟と酒を飲んでいた。弟にも軽い気持ちで飲ませたのである。ところが弟はウイスキーも含め、かなりの量を飲んでいた。私が飯場の家に帰った時にはすでに弟の目は完全に据わっていた。見ると日本酒の一升瓶や葡萄酒、ウイスキーの空瓶が転がっている。弟はそれでもウイスキーを水のように飲んでいる。私は父に注意したが、父は弟が勝手に注いで飲んでいるのだと言う。「渡! もう飲むな」と私が言うと、弟は不意に窓ガラスを割って外に飛び出そうとした。帰宅していた兄と二人で押さえ付けたが、まるで疲れを知らない獣のように暴れる。隙を見て飛び出した弟は飯場の便所に飛び込んで潜った。飯場の便所は幅三メートル、長さ六メートルはあり深さは二メートルはある。汲み取りをしたばかりで、糞尿は八十センチほどであったからまだよかった。兄は糞尿の中に服のまま飛び降りた。私は服を脱いで上で待った。兄が糞まみれになって弟を掴まえると、私が上から引き上げて素っ裸にした。まだ寒い時期である。水道のある所まで連れていき、ゴムホースで頭から水をかけて洗った。全身糞まみれで、凄まじい臭いである。周りで「何をこの糞寒いのに」と言って見ている男を私は脅した。「何を見てる、見せものじゃねえぞ!」と。男は何だと、という顔をしていたが、どうも様子が尋常ではないと思ったのか引っ込んでいった。

兄も糞だらけの身体を洗ったが髪の毛に染みた臭いはどうしても取れない。

とりあえず家に入れて服を着替えたが、また暴れだし、外に飛び出した弟を私と兄は追い掛けた。通りに出て飯田橋駅の方に向かって走っていく弟に私達は五十メートルほどで追い付いた。

それにしても弟のタフなことには驚いた。私も兄も体力はあるが、少しでも力を弛めると弟はすぐに振りきろうとする。

飯田橋駅の近くに病院があるのを知っていた。もう私達の手には負えない。注射でも打って眠らせるしかない。弟は病院でも暴れては異様な形相《ぎょうそう》で喚いていた。「こいつらは、地球人に化けた宇宙人だ！　おれ達を殺そうとしている。だまされちゃだめだ！」と、中々注射を打たせてくれない。医者も看護師も本当に臭いのに、言いたいことを言われ、私は同情を禁じ得なかった。私と兄がしっかりと弟を押さえて動かないようにして注射を打ってもらった。「じき、大人しくなる」と医者に言われたが、弟はいつ飛び出すか分からない。

医者は弟の年齢を聞くと呆れた顔をしながらも、きつい口調で説教した。

病院を出てからも弟は逃げようとするが、薬が効いてきているらしく俊敏さがなくなっている。飛び込みで診療してもらった手続きや支払いのため、父を病院に残して、私と兄は弟をしっかり掴まえたまま家に連れて帰った。弟が眠りに落ちるまでは気を緩めるわけにはいかなかった。

翌日、弟は「自分は夢を見ていたようだった」と、けろりとしていた。

私が火事の迫力を体験したのは、飯場がある通りの前の家が五軒ほど燃え上がっている時であった。

通りといっても道幅は十メートルもないくらいである。夜中にやたらとサイレンの音がうるさい。表に出てみたら道路を挟んだ家である。風向きによっては飯場も危ない。よく行っていた魚屋が火元らしい。魚屋の主人が燃えている物を持ち出すのを手伝ってと、必死の形相で頼んでいるが、頼まれた人々はたじろいでいる。当然である。めらめらと燃え上がる家に入るのは自殺行為であった。道を隔てた私のいる場所も真冬なのにかなり熱い。風向きが変わって飯場に移ったら燃え尽きるのに十分とかかるまい。父や兄に言って、すぐに大事なものだけを持ち出す準備はしていた。幸いというのも変だが、飯場へは火は燃え移らずに朝方に鎮火した。この火事の犠牲者は死者三名であった。

飯田橋の飯場にいたのは半年くらいであった。

私は不動産屋に部屋を探しに行った。しかし私の家族は男所帯なので条件的に難しいらしい。女性がいないと部屋が汚されるからである。不動産屋は「かなり古い造りならありますよ」と言った。

不動産屋と一緒に物件を見に行くと確かに古く、戦後に建てた木造の二階建ての長屋風である。戦後から住んでいる人々が多くいた。三棟からなる昔ながらの下宿のようなものであった。五十世帯くらいが住んでいた。このアパートは、周囲から過去の時間にタイムスリップした感がある。私はこれなら幾ら絵を描いて汚しても構わないと思ってすぐに契約した。

千代田区の九段北にある稲穂荘というアパートで、部屋の広さは九畳であった。靖国神社のすぐ裏手にあり、市ケ谷駅まで徒歩五分くらいである。

十六歳頃から絵描きの友人が徐々に増えていったが、二十歳前後が多かった。稲穂荘に移ってから毎週土曜になると私の所に六人から十人の友人達が集まるようになった。父が仕事から帰ると若い連中がごろごろして酒を飲んだり、煙草を吸ったり、晩酌に大事に食べていたウニの瓶詰めなどが平らげられていた。何人かは終電がなくなると私の家に泊まった。父もさぞ迷惑であったと思う。

私は建築現場で痛めた腰に負担のかからない様々なアルバイトをした。サンドイッチマン、そば屋の店員、麻雀屋、日雇い作業員、印刷会社の季節労働、自動車工場、製本会社等々。二日や三日で辞めたバイトもある。なるべく残業の少ない仕事を選んだ。バイト先で友人になった者もいる。私は目的も無く生きているような、意志が弱く、意欲のない人物は意識的に遠ざけた。

ある日、兄の様子がおかしいのに気づいた。

兄は仕事から帰ると、近くの外濠公園の土手に行って、バイオリンの練習をしていた。

中学の頃からやっていたのが趣味として続いていたのである。その兄が、深夜十二時を過ぎても帰ってこない。すでに、何か兄の様子が変だと気になっていた私が兄がいつも練習している場所に行くと、兄は地面に顔をつけて泣いている。その時、私は背筋に悪寒が走った。だが、もう少し様子を見ようと兄に分からないように身を潜めていた。すると兄は、今度は何か独り言を呟き、地面に生えている草を食べ始めた。私は兄に声をかけた。だが、兄は私が声をかけても気が付かない。私は側に行って兄に言った。「もう、遅いから帰ろう」と。兄は素直に頷いた。だが、その顔付きは尋常ではない。私は何事もないような顔で聞いた「あんちゃん、何で草なんか食べていたの?」兄はいとも簡単に答えた。「ああ、おれは聞こえたんだ。お前の足下の草を食べろって」

私はそれを聞き、全身から血の気が引いた。兄は、日が経つにつれて異常な言動が増していった。私は兄の様子を見つつも父には隠していたが、ついに父に言った。「あんちゃんが、おかしくなっている」

すでに父も何か兄の様子が妙であることは感じてはいたが、うちの子供は三人とも変わっているからな、と思っていたようだ。兄は会社でも普通ではなかったらしい。他人の靴を磨いたり、仕事中に独り言を呟き、急に笑ったと思えば泣きだしたりと、周りの仲間も薄気味悪いと思っていたそうである。私が兄をしばらく休ませてくれと連絡すると、会社の社長も「それがいい」と安心した口調で言った。小さな印刷会社である。印刷機械の輪転機に手でも巻き込まれたら大変なことになる。指や手首を失った人が何人もいたのである。

兄は誰が見ても異常とみなす言動をするようになった。夜中でも不意に起きてはバイオリンを弾きだし、止めると今度は取りとめのないことをしだす。笑ったり泣いたり、独り言を言いだしたり、見えぬ誰かと会話を始めたりといったことが続くのである。

父はまだ神経症の薬を飲んでいた。その薬をやめると不眠になると言っていた。

父のかかりつけ医である、代々木にあった医院の先生の紹介で精神科を紹介してもらった。

すでに、兄の異常な状態が十日以上も続いていた。私達もほとんど眠ることができない。交代で休んでいたが、もう限界を超えていた。兄と同じく私もこれ以上続くとおかしくなりそうであった。

それでも、微かな期待を持っていたが、時が経てば兄の症状をより悪化させるだけである。私は自分の兄弟を病院に監禁するという呵責と戦った。目の前で兄が他人に変貌する様を見続けることと、自分がその状態で何もできないという無力感。

私は犬のクロの時とは違う無力感と名状しがたい苦痛、苦悩に襲われた。

兄が入院する精神科病院は、小田急線の鶴川という駅から、バスで十五分ほどかかる小高い丘の上にあった。

兄は凄まじく抵抗した、病院から迎えに来てもらうまでの時間の長さは堪え難いものがあった。

「おれの、どこがおかしい！　おかしいのは、お前らだ！」。兄はげっそりと痩せていたが、元々身体を鍛えていたし、精神異常時の力は尋常ではないのである。私と父と弟が三人で必死に押さえていないと何をするか分からない。ともかく、ただ押さえ付けて病院から車で来る看護人を待つしかない。

やってきた看護人は二人であった。一人はドクターかも知れない。兄に注射を打つから押さえてくれと言った。その時が、兄が最も激しく暴れた時である。よほど強力な薬なのか、見ているうちに効いていくのが分かった。車はワゴン車であった。私達は後ろに兄と一緒に乗った。兄は朦朧とした意識で何か言っている。これで、兄は自由を完全に私達家族によって奪われた。車内では形容しがたい感情が何度も私を襲った。

兄が入院した病院とは、弟を含めて長く付き合うことになる。院長は丸顔で眼鏡をかけた小柄な人物であった。

「この病気は、何か少しでも兆候が現れたら、もうかなり進んでいましてね、その時ではもう遅いんですよ」と、まるで「風景がとてもきれいですね」とでも言っているような無感情の口調で言うと、院長は付け足すように「精神状態が落ち着くまでは面会はできませんから」と言った。

私が十七歳で、兄は十九歳であった。

病院の中庭の池では、日差しを浴びて、色とりどりの大きな鯉と金魚がゆうゆうと泳いでいた。

兄が病院に入った時に弟は中学を卒業した。

私は、自分の無力さと呵責もあり、友人が働いていた建築現場の仕事を始めた。現場は、渋谷駅周辺にある銀行であった。仕事は土工から解体、鳶の仕事を含む何でもありの内容であったが、毎日朝八時から夜の十一時過ぎまで働いた。仕事の世話役の人物は人使いが荒く、人の扱い方を心得ていた。かつて刑務所にいたことがあるという噂を誰かに聞いた。丸刈りのかなり迫力ある人物であった。

私達は、馬車馬のごとくこき使われた。二日間の徹夜もざらだった。ある有名な大学の運動部のごつい男も昼飯の時にとんずらしたくらいの苛酷な仕事だった。さすがの私も仕事から帰宅して七日くらいはそのまま倒れるように眠りに落ちた。それでも私はたいして苦に思わなかった。

兄のことを考えると、むしろこの程度は、と思った。仕事に慣れてくると私は進んできつい仕事を選んだ。半年も経つと私の身体は頑強になった。当時のセメント袋は五十キロあったが、私はそれを肩に担いで階段を二段駆け上がったり、皆の肩に乗せて自分の分は自分で担いだ。休み時間も身体を鍛えた。私の本当の仕事は帰って絵を描くことである。皆と体力が同じでは疲れて絵も描けない。そのうちに百キロを担いで階段を上がれるようになった。

一年も経つと私より力の強い人間は同じ現場にはいなかった。だが、解体や足場組などで生傷は常に絶えなかった。

私達は世話役のことをオヤジさんと呼んだ。オヤジの故郷の熊本から手がつけられない不良達が呼ばれていた。当時の建築現場の連中は皆気が荒かった。体力のない者は使いっぱしりさせられた。建築現場の仕事は誰が強いかで優先順位が決定する。どこの世界でも弱肉強食の原理が働く。

当時の仕事仲間と伊豆に旅行した時の写真を見ると、どこかの暴力団の記念撮影に見えた。私だけがサンダルで、他の皆は白いズボンにサングラスといった風貌であった。そのくせ、ホテルの記帳には「弁護士協会」と書いていた。

私は少し飲んでいた酒も自分に禁じた。誘われて同僚に付き合うと、喧嘩はもとより、居酒屋からキャバレー、その後は女である。まともに付きあっていたら五日と金は持たない。給料は当時の普通のサラリーマンの二倍以上はもらっていた。また、それだけの仕事はしていた。

私はその頃、体力を付けるためもあって人の三倍は飯を食べていた。たまに付き合いで同僚と飲み屋に行くと私は、刺し身やつまみをひたすら食う。炭酸飲料など十杯でも二十杯でも腹に入る。私を連れていくと金が掛かるのである。だが、私の強さを知っているので誰も文句は言わない。喧嘩の時に役に立つからである。

渋谷の別の建築現場では、私達が四人で相手が三十人相手の大立ち回りをやった。相手はボード屋の職人であった。些細なことで喧嘩になった。ボードを積んだ四トントラックの運転手が私達の仕事していた所に割り込んできた。車には二人だったが、相手の態度も横柄だった。それで私がむかっとして「てめえ、ぶち殺されてえのか」と腰の工具ベルトに挿していた足場を組むときに使う鉄製の工具で脅したら相手は走って逃げた。その逃げる相手を少し追い掛けたら、仲間達が皆それぞれ手に鉄パイプを持って応援に来ていた。逃げたら逆に袋叩きに遭う。私は一人の男がふり降ろした鉄パイプを左腕でまともに受けた。素手で受けた私に相手は狼狽した。私に胸倉を掴まえられると震えていた。私は相手を投げ倒し、鉄パイプを掴んで構えた。相手は凄まじい早さで這って逃げた。

その光景を見た連中のほとんどは戦意を喪失した。相手の中でまともに喧嘩をしたのは六人くらいである。私に二人が同時に向かってきた、二人の男の襟を掴まえてはぶん投げた。相手のほとんどがこちらの敵ではなかった。見物人は大勢いて現場監督もいたが、誰も止めには入らなかった。

相手は三人か四人ほど入院したらしく、賠償金の問題もあり、こちらも一応病院に行って診断書だけもらった。鉄パイプを受けた私の左腕は全治一週間と書かれた。

仕事が終わって自分の身体を見たら全身のあちこちに痣があるのに気づいた、気がつかないうちにパイプで殴られていたらしい。

三、

私の絵の作風が変化し始めた。それまでの印象派的な明るさは消えて、写実的だが暗い、重厚さを求め始めていた。

昼間は仕事をしているせいか、描くものは静物や自画像が多くなった。私はレンブラントの生き方や、対象を深く洞察する精神に私淑した。あらゆる画家のそれぞれの個性は尊重しつつも深みのない画家の作品は私の視野から消えていった。私の実生活と並行して作品も変化するのは自明のことだった。

兄は二十歳の誕生日を病院で迎えた。約半年の入院であったが、その一年後にはまた、入ることになる。弟も普通のアルバイトは厳しかった。人間関係が難しく、すぐにトラブルになった。

やがて、弟も精神のバランスを崩した。十七歳の時である。兄弟で交互に精神科病院に入ったり出たり、同時に入院したりを以後、長い年月にわたって繰り返すことになる。

弟の激しい気性はゴッホに似ていた。弟が危ない時は、兄と違って何をするか分からないという危険があった。二階の窓からでも平気で飛び降りる。常に死と隣り合わせの危機感がある。

こうした日常生活のなかで私の神経はいやでも研ぎ澄まされていった。私が二十歳になる頃は単なる写実では表現に満足できなくなっていたが、現実には物を見て描くことしかできなかった。


私の家の近くに法政大学があった。その頃は学生運動が盛んな時である。毎日のようにやかましい怒声のような声が聞こえていた。私は当時の社会現象には一切興味がなかった。

三島由紀夫が割腹自殺したのは私が二十歳の過度期の頃である。当時の私は画家の伝記は読んだものの、政治や文学には全く興味がなかった。

ただ、三島由紀夫が自分の腹を自ら切った時は「ふうん、文士でも自分の腹をさばける奴がいるんだ」と思った。私は三島由紀夫の名は聞いたことはあったが、本は読んだことはなかった。

建築現場の鉄パイプを学生達がかっ払うので、それを防ぐために余分な仕事が増えた。あの彼等が自分と同じ高所で危険な仕事を一年もやれば人生観も少しは変わるだろう、などと思っていた。

私は高い足場から何度も落ちかけていた。無論、十階以上のビルの高さから落ちたらまず即死である。落ちたら死ぬ、ただそれだけである。そこには大義名分も何もない。ただ単に「死ぬ」それだけである。自分で自分を守ることができなければ即、死である。他人の巻添えになる場合もある。大きな現場では必ず死人が出る。それでも仕事のことであり、他人から見れば死んだ人間は「あいつは不運だった」で終わる。鳶のように高い所で仕事をしていると、少しの雑念があるだけで命取りになる。集中力が途切れ、一本の鉄パイプから足を踏み外せばそれで終りである。私が誘って、兄も弟も建築現場の仕事を一緒にやっていた。私の身近においたほうが安心で気も楽でもあった。体力は付くし金もいい。弟はたまに建築現場でトラブルを起こしたが、それでも私の目の届く所にいたほうがお互いの精神衛生上にはよかった。

その頃から私は、身体を鍛える仕事より、さらに裡なる精神への志向が強まっていた。父は、私に対していつも「画家で生活するのは難しいので何か技術を身につけろ」と言っていた。私が二十二歳の時、最年少で日展に初入選すると、それから父は何も言わなくなった。

私は世間的な権威の威力が人を黙らせることを知ってはいたが、こんなに効果的であるとは思わなかった。ただ、新聞に自分の子供の名前が載っただけである。

私はすでに肉眼的な具象の表現方法では自分の内面を表すのは難しいと感じていて、今まで身につけていた自分の技術を全て消し去る必要を感じ始めていた。

兄弟の狂気という環境によってか、私の感覚は鋭敏になり、すでに不眠症的になっていた。異様に研ぎ澄まされた感覚から、時々自然との融合体験や、様々な人間の本性が直観的に分かるようになっていた。毎日自分に課していた描く行為を止めていた。

私は意識的に抽象表現の画面に入り込み同化できるようになっていた。この頃に、私はジョルジュ・ルオーに作風が近づいていた。それまで私を高く評価していた人物も、一気に描く表現主義風の私の作品に不満をもらした。


私は日展入選を機に作品の形態表現が崩れ始めたのである。仕事も休みがちになった。作品も気が向いた時にしか描かなくなったし、それも描くときは何も考えず、直感的に一気に仕上げた。

私自身に自分でもよく分からない苦痛が襲い始めた。不眠は私を苦しめた。市販の睡眠薬を飲んだが、その量は日増しに増えて口の中がついに爛《ただ》れ始めた。酒も頭痛がするだけでたいした効果はなかった。

仕事で自分の肉体を極限まで酷使し、常に嘔吐した。しかし、三十分も休めば意識が冴えて、訳の分からぬ耐え難い苦痛に襲われた。

一人ではきつかったが、他人の中にいると少しは気が紛れるので近くのスナックに毎日のように行くようになった。自分の家族の暗さを見たくなかったこともある。

私は女性と付き合っていなかったが、二十二歳になって女性と付き合うようにした。だが、二度も会えばすぐに飽きる。すぐに相手の底が見えるのである。それに私は世間話ができなかった。女性とベンチで囁《ささや》きあうなど論外であり、単にお茶を飲む程度である。それ以上にはどうしてもその気にならない。周囲の連中は、いつも連れている女性が違うので私を遊び人だと思っているらしかったが、単にすぐ飽きるのと、相手と深みに入る関係が煩わしかったにすぎない。私は動物的本能と自己意識とははっきり区別していた。オスの本能の欲望が出た時は、さっさと自己処理すればよいことであった。

私から見れば、いわゆる巷の恋愛など欲情の変形にすぎなかった。周囲の友人は「お前は本当に女を好きになったことがないから、分からないんだ」とよく言った。

得体の知れぬ苦痛が自分の心身を苦しめていても、表には出さない。それが他人には冷たく見えるらしい。私は他人の恋愛ごっこに付き合うゆとりも興味も皆無であった。

やがて私の肉体は食い物も受け付けなくなった。私自身も兄弟のごとく狂気に落ちるのかと感じていた。

父が再婚した。私はこれで少しは父も安らぎを得られると内心ほっとした。だが、この考えがいかに甘いかを後日、痛烈に思い知らされたのである。

二十四歳の時、私は相変わらず不眠状態が続いていた。友人が鳶の実入《みい》りのいい仕事を持ってきた。私は気が進まなかったが、当日の朝、彼が家まで迎えに来た。四月に入った頃である。その日私は気が進まぬまま仕事に行った。確かに仕事のわりには報酬は高かった。自動車のエレベーターの鉄骨を組み立てる仕事であった。H工という鉄骨で重量は一トン以上はある。それを運んでいた時に事故が起きた。いつもはバタ角という真四角で十センチの木材を置くのだが。うっかりして忘れて運んだ時だった。鉄骨は重く、八人全員で持っていた。一人に百キロ以上の負荷がかかっていて、それぞれが必死の顔をしていた。「一、二、三」の掛け声を合図に一緒に鉄骨を下ろす手はずになっていて、「三」と皆が言った時だった。その時にはもう皆の手から鉄骨が離れ、私は手を離す暇もなく鉄骨と床の間に手足を挟まれた。かろうじて右手を本能的にかばったらしく挟んだのは左手足であった。完全に左手足が潰れたと思った。私の手足が挟まったのを見た皆が鉄骨を持ち上げた。私の挟まった手足は感覚が無かった。皮手袋をしていたが手袋の裂けた所からどっと血が流れ出た。

救急車の中で私は「これで、手の指と足首がなくなれば、同情されて遠慮なく絵が描ける」などと考えていた。

だが、床に一センチの段差があったのである。私の思惑ははずれ、自分の指で足の甲の骨を二本折り、中指と薬指の肉がつぶれただけであった。私は現場近くの病院に二ヶ月入院することになった。

外科病棟は満室だったので泌尿器科の八人部屋に入った。右手足しか使えない生活は意外と不自由であった。痔や脱腸の患者などのベッドがカーテンで仕切られていて暗い雰囲気であったが、私の入院で病室の雰囲気は変わった。カーテンの仕切りは開放されて明るくなった。私は看護師達に愛嬌を振りまいていた。食欲も旺盛であった。環境の変化は私を精神的に楽にした。私は弟に手ぬぐいを買ってもらい、その手ぬぐいをベッドの鉄の手すりに結び付けて右手を鍛えていた。手ぬぐいは私の腕の力で七日も持たずに千切れた。私は友人が来ると松葉杖をついて近くの二階の喫茶店にコーヒーを飲みに行った。

退院する時には体重が約五キロ増えていた。

退院した私は十メートル歩くのも大変であった。左足の甲の骨を二本折っただけであったが、自分の体重の痛みで一歩進むのにも時間がかかる。自宅から行き付けのスナックまで徒歩四分くらいの所が十五分以上もかかった。九段南にあるイタリアンスナック「マコ」である。近くには家政短大、大妻女子大があった。

だが、行き付けの「マコ」のママが妊娠して、出産するまで常連の友人が店を手伝うことになった。まだ足が完治していない私は、店が忙しい時だけ手伝う約束をしたが、その友人は時間にあまりにもだらしなかった。徹夜で麻雀をするのはいいが、朝の十時開店ができず、昼過ぎに開けるといった状態が続いたので、私が「店を預かった以上は、まともにやれ」と説教する羽目になった。友人は泣きながら私に謝ると店を辞めた。

結局、私がその店を一人でやることになった。私の最も苦手な客商売である。単なる手伝いならいいが、自分で店の全責任を持つとなれば厳しい。私は若干後悔した。

迂闊に情をかけると自分のためにならないと分かっていたのだが、私自身の甘さをこの機会に潰そうと決意して、当分絵のことは考えないことにした。絵の話になると真剣になるからである。

昼間は女子学生がほとんどで問題はないが、夜はボトル酒を入れた男性の常連がいた。私は当初「いらっしゃいませ」と「ありがとうございました」が本心から言えなかった。体力にも絵にも自信があった自分が何でこんな連中に、と思いながらも、友人に説教した以上、自分を殺してでも続けるしかなかった。

夜になれば、カウンターにボトル酒を入れている客が座る。こうなると最悪の事態である。客にしてみればすこぶる無愛想な男がカウンターに入っている。私が客でも行きたくもないような男が「はい、いいえ、分かりました、そうですか、どうも、酒は駄目です、はい、いいえ」とこんな調子で味も素っ気もない。やがて、一人減り、二人減り、そして誰も来なくなった。私は責任を感じた。自分が客を強い気で圧しているからだと思い、食事を抜いた。七日も抜けば体力も落ちて丁度よくなるであろうと。だが、これも甘かった。私は十キロ痩せた、といっても逆に眼光は炯々《けいけい》としている。何を考えているか分からぬうえに目付きが悪い男などよけい気持ち悪いであろう。

私は朝寝坊しないように、店のソファーで寝た。私は、持病であった腰痛の激痛を利用して自分の目を覚まさせた。朝の九時に準備して深夜三時ごろまで仕事をした。暇な学生や常連の若い者もいたので、平均四時間弱の睡眠であった。

半年もすれば少しは客扱いも慣れてきたが、またも厳しい試練がやってきた。私の父が子離れできないのである。いわゆる、世には親離れと子離れがある。私はスナックにほとんど寝泊まりしていたが、店が休みの時には自分の家に帰っていた。

父は妻と些細なことで喧嘩をし、隣の息子達の部屋へ来ていた。我儘な駄々っ子のようで、単に寂しいだけという理由である。私は何度か父に説教した。「何のために再婚したの、かあさんがかわいそうだろう」と。

前年の年末から正月の休みに入っても父は朝から酒を飲んでいた。私はなるべく知らん顔をしていたが、父の酒量は増え、近隣で迷惑トラブルが起き始めた。それでも私は、暫く父のことは義母や兄弟にまかせていた。

その時期、「マコ」には近所に下宿していた女子大の女性がたまに顔を出しては美術や文学に関する話をしていた。私は彼らと話すことで気を紛らわすことができたが、やがてそれも限界が来た。父が私の働いている店に来ては頻繁に「コーヒーにウイスキーを入れてくれ」とせがむのだ。

やがて、父は巷の浮浪者のように、酩酊しては路上で寝たり、糞小便を垂れ流すようになった。それが三ヶ月も続いては義母や兄弟の手には負えなくなるのは当然だった。私は考え抜いた末、決意した。このままの状態で父が生き恥を晒し続けるのなら父を殺して自分も死のうと。

しかし、私は何の感情もなく、淡々と静かに笑みを浮かべて殺せるか？　そんな平常心で父を殺せるか、が課題となった。

私はまたしても食を絶った。冷静な意識状態で、父を包丁で刺し殺す場面を常にリアルな情景として浮かべつつ。その時のカウンター内の私の顔は他人から見たら涼しげに見えたらしい。七日も経つと私の精神は全く無感情の状態になり、頭は空っぽになった。この時に私は狂うことのできない自分を知った。極限の状態になると精神は空の状態に至るのを体験したのである。

私は日本酒の一升瓶をぶら下げて父のいるアパートに行った。私が来た意味が最初は父も義母も分からなかった。私は父の前に座った。包丁と日本酒を父の前に置き栓を開けた。私は冷徹かつ強い口調で父に言った。

「今から、おれの指を切ってこの酒の中に入れる。そして、それを飲め。その後でおれは、お前を殺す！」と。

父は私の尋常ではない殺気を感じたのか、狼狽し始めた。私は再度語気を強めて言った。「この野郎！　飲めと言ったら、飲め！」

私は立ち上がり父の真上から脅すように言った。

側にいた義母が必死で泣きながら私に哀願した。

「こうちゃん、あと一週間だけ待って！　何とかするから」と。

父は完全に怯えていた。私が父に対してこれほど厳しい態度をとったのは初めてであり、最後でもあった。

「お前は親を殺すのか」

父のその言葉に私は恫喝《どうかつ》する凄まじい声で言った。

「親だと？　ふざけるな！　何だ、その様《ざま》は、そんな無様《ぶざま》なてめえが親だと、ふざけるな！」

さすがに父は私をこれ以上刺激したら殺されると思ったのか、顔は蒼白で全身が震えていた。義母が私の足に泣いてしがみつき、勘弁してくれと言っている。義母も苦労した人であった。

「分かった。一週間だけ待つ、それでも酒をやめていなければ、殺す！」私は父の胸ぐらを掴み、睨みつけて言った。

私は表に出た時に泣いた。何とも名状しがたい感情であった。私は本気であった。自分の父を殺す、この感情は複雑であった。

一週間後に私は父の所に行った。父は完全に怯え、酒は一滴も飲んでいなかった。その事件以来、父は酒も煙草もやめてしまった。

私の「親殺しの事件」は生存に対する根源的問い、苛酷な自己認識の旅の始まりであり、当時の私は、まだまだ泥の中でもがいている「蓮」の種にすぎなかった。


私は二十四歳になっていた。私は自分自身の甘さをさらに痛感することになる。

私が友人の代わりにスナック「マコ」で働いていた頃に、常連客で私より二歳ほど年下のクリちゃんという男性がいた。そのクリちゃんが「集客にはこの店はインテリアが古いから改装したほうがいい」と言いだした。さらには私の代々木時代の飯場にいた友人の○○君が建築士の仕事をしていた。
○○君は自分も無料で設計図を書くから一緒に改装しようと言い出したのである。私は「マコ」が店舗の借金が終わったばかりであることを知っていた。私は食事や煙草以外はほとんど無給で働いている、と言ったが二人とも自分達も金は要らない、と言いだした。私は内心まいった、と思いつつも二人の熱意に負けてしまった。また、私は全面的に改装すれば五百万〜六百万ほどはかかるのを知っていた。私は最低四、五年くらいは店に束縛されるのを覚悟した。自分が蒔いた種である。以後、結局六年近く働いた。

学校が始まる三月ごろには新装開店になった。確かに集客はよかった。目新しい店には客は集まる。だが、夏休みが過ぎると客足は半分くらいになった。周囲に新しい店が数軒増えたのである。

私は、会員として所属している公募団体に出品する作品を創るために、閉店してからテーブルなどを端に置いて制作をした。深夜では自宅で制作することはできなかったからである。それでも作品制作に用いる時間は極力制限した。私の当時の睡眠時間は三時間であった。身長一七六センチ、七十二キロあった体重は六十五キロになっていた。

私は集客のために学校のリーダー格の女性を掴まえた。大抵は十人前後のグループで行動する。そのリーダー格を三人ほど掴まえておけば、毎日ではなくとも二日に一回は来店する。昼間はそこそこの集客はあったが夜は少なかった。

私はその時期にはY子という女性と付き合っていた。私が父親を殺そうと思った時に、私の人相が急激に変化していくのを見ていたY子は、心配をしていたのである。食を断っていた私の様相を知っていた彼女は、私におかゆを作って店に持ってきた。彼女はS大の英米文学部に通っていた。卒業論文を私は手伝った。この時に私は文学というものに触れた。Y子は米文学者ホーソンの「緋文字」を論文に選んでいて、私の直感的見解、考察に彼女はすこぶる興味を示した。彼女は児童文学を書こうとしていた。

Y子は頑なな意志とある種の潔癖性があり、他者との交流は難しい魂を備えていた。

私は彼女の人間不信と孤独を感じていた。彼女の父は県会議員であった。その彼女に対して私の父は「家柄が違いすぎて、付き合いきれない」と暗に別れたほうがいいという含みを持った言い方で私に何度か言った。私は親の立場を理解はしたが、納得はできなかった。

四、

二十六歳の時に私の精神、全意識を震撼させ一変させるような事件が生じた。

店の近くの女子大に通っている学生が私を気に入って毎日来店するようになった。一度社会に出て演劇をやっていた女性である。

私がY子にそのことを話すと表情が一変した。Y子は大学を卒業して会社に勤めていた。卒業と同時期に下宿から親族所有のマンションへ移っていた。その部屋は八階であった。その窓からふいに「死ぬから」と、飛び降りようとしたのである。無論、私に対しての抗議で、本当に飛び降りるとは思わなかった。

例外なく、孤独という意識状態は独占欲の異名でもある。そのことは私自身がよく分かっている。孤独の深さに準じてその強度は増す。真の孤独に至れば孤独という概念は消失する。

私は女性二人に一切の感情を出すな、と厳しく命じた。その代わり私は死ぬまで食を断つ、と。

自分の中途半端な情が女性を通して表れたのである。この状況に処するには死を覚悟するしかなかった。ただ、私の行為は客には奇異に感じられたであろう。四日も過ぎた頃は睡眠は二時間ほどで眼光は鋭く、異様な殺気を放っていた。それでも大半の客には私の放つ雰囲気は涼しげに見えたらしい。

私は食を断ち、七日も経てば自分が無感情になるのは知っていた。ただ、包丁で玉ねぎなどを刻んでいると、不意に自分の手首を切り落としたくなる衝動が何度も湧いた。私は心身バランスを取るために全ての行為に反対の概念を念仏のように繰り返していた。私が食を断っている時にも客には様々な反応が生じた。私はそれらを全て無視した。

＊

私は当初、自分自身に何が起きているのか分からなかった。強烈な魂の内的神秘体験であった。実生活で判断する根拠であった足場自体が一挙に消滅した。

私の生い立ちや環境、あらゆる経験、体験の意味が内側から瞬時に照らされた。私の頭の内側は眩しい光に満ちていた。さらには、脳味噌がショートして破裂寸前の危機的状況でもあった。心身ともに耐え難く、名状しがたい苦痛はやむことはなかった。自分自身を保持するために、強度の緊張と強固な意志が必至であった。

私は自宅に帰ってもほとんど眠らず、常に正座して一点を凝視していた。その様子を見ていた父は「幸吉も狂った」と言って嘆いていた。

自分自身の心身を保つためには、厳密な言葉が不可欠であると痛感した。そこで私と同じような体験をしている人物を歴史上に探した。私が体験した状態を理解できるものは身近には存在しなかったからだ。

私はこうして不快な人間界に自ら踏み込む羽目になったのである。言葉の世界に踏み込むのに若干の不安はあったが、覚悟して踏み込んだ。まず、骨格として哲学、肉付けとして心理学、対人間に対する処し方は文学。店の仕事をしながら、近所の書店を片っ端に見て回った。私の直感力と高速で活動する思考は、書物の背表紙に書かれているタイトルと著作の頭と最後の数ページを読むだけで瞬時に理解した。

中でも哲学者ニーチェの『ツァラトゥストラ』（手塚富雄訳、中央公論社、1973）が極度に緊張した意識状態のバランスを保持するのに適していた。翻訳されたニーチェの著作はほとんど読破した。哲学者はプラトンやアリストテレス、ヘーゲル等々、山頂にいる存在を主に読んだ。他はその亜流にすぎない。

近代のニーチェやアルチュール・ランボー以降に影響を受けた、一般に実存主義と称される哲学、文学は自然科学に依拠する相対的世界観に呪縛され、無方向が方向、或いは無意味が意味という実体なき虚無的世界観でしかなかった。

絵画ではキュビスムから抽象表現へという運動が連動していた。相対的意識とは一切の事物を公正に偏見なく観る、という一視点にすぎない。この相対的意識状態が世界観と化せば虚無的世界観となる。ただ、単なる動物ではない人間が目的や方向を喪失したらどうなるかは言わずもがなである。

私が最初に文学作品に触れたのは十五歳の時で、兄が所有していた文庫本であった。読んだのは二、三冊程度である。ゾラの小説を読んだときは背筋に寒気が走った。人物も含め、情景描写がただの目、それも単なる肉眼のみで捉えられていた。ゾラの世界観は自然科学的観点からのみ書かれていた。私はセザンヌが旧友のゾラと袂を分かった理由を理解した。セザンヌはリンゴも人物も同じだ、と言っていた。さらに構成を重んじ古典的なバランスと深みを求めた。セザンヌの胸中には深い信仰心があった。彼に影響されたピカソは、その相対的意識の徹底的な表現に衝撃を受けたのである。ピカソはニーチェやアルチュール・ランボーを読み、知っていた。私が私であって私ではない、しかし私は私として存在する。この足場なき空間において、おのれ自身を現実世界に対しいかに処すべきか？と彼も懊悩していたからである。

その後の抽象表現者達の悲惨、悲劇とも言える内的苦悩は、相対的、虚無的世界観を打破し得なかったという点にある。多くの抽象表現者達は東洋的無常観に支えを求めた。相対的世界観の浸食は速度を増した。人間も含め、あらゆる事物の一切を等価値と考察する思想の影響は、哲学や心理学、文学にも及んだ。

私が私であって私ではない、それでも私は個体として確かに存在する。この意識状態で生存が無意味であるという地点に留まり、一歩も先に行けぬとすれば通常の個人は耐え得るものではない。観念的、心情的であれ、この足場なき空間に魂は耐えきれずに自滅、破滅、難破する。

私は日本にも私と似たような人物、或いは似たような体験をした人物はいるのかと探した。私が見出したのは小林秀雄であった。

私は小林秀雄が難解な批評家であるとは知らなかった。自己の想いを率直に吐露し、書いている内容をなぜ理解できぬのであろうか、と。自明だが、理解や共感は同等か、それ以上の意識状態でなければ測る物差しがなく、未知の世界なのである。

私が小林秀雄について論じた拙文がある。

（拙著『小林秀雄論』、ＪＣＡ出版、１９９２より抜粋）

小林秀雄の心中深く蔵した「いかにかすべきわが心」この思いが彼を公人ならぬ私人、すなわち彼自身の言葉を借りれば「陸沈」する人と、自らを、自らのポジションと、宿命と化した。若き日の「批評家失格」は、この想いを自らに課した覚悟であり、おのれの宿命と刺し違えた小林秀雄の決意表明であった。俗な言い方をすれば彼は茨の道を選び、かつての人類に対する「深い真面目な愛」を所有していた存在達、殉教者達と同じ道を、歩き続ける覚悟を胸中深く蔵し「読み人知らず」、すなわち無名の人と化した。

「いかにかすべきわが心」と、「地獄絵」の前に佇み身動きも出来なくなった者の弁護者たるべく、小林秀雄は半ば八方破れのように振舞うことで、彼一流の表現を不屈の意志力をもって敢行した。誤解や無理解は自明の事として、未来へ向けて、かつての殉教者達のような存在を出さぬために我と我身を日常の泥中に沈めた。だが「彼の歌の姿がそのまま彼の生活の姿だったに相違ないとは、誰にも容易に考えられるところだ。天稟の倫理性と人生無常に関する沈痛な信念とを心中深く蔵して、凝滞を知らず、頽廃を知らず、俗にも僧にも因われぬ、自在でしかもあやまたぬ、一種の生活法の体得者だったに違いないと思う」これもそのまま小林秀雄の生き方でもあった。彼の言葉を借りれば、やはり彼も「驚くほど辛い裏道を辿って天道に通じ得た」人である。

天道に通じた魂が、実生活のなかで「いかにかすべきわが心」をもって深く悩み、名状し難い悲哀の中で、いかに対人間、対社会と相交みえ、対処し、又、己が身を処するか、処すべきか？　と。「私は客観的尺度などちっとも欲しかない。客観が欲しいのだ」、と。

だが、「語ろうにもおれには外道の言葉しか知らぬのだ」と。ランボーの言葉が、同じ想いが小林秀雄の魂の裡に吹き荒れる。だが歌うことはすでに自らに禁じている。

架空のオペラを演じるわけにはいかぬ。――いかにかすべきわが心。

「今や私は自分の性格を空の四方にばら撒いた、これから取り集めるのに骨が折れる事だろう」このボードレールの言葉を小林秀雄は「Xへの手紙」に引用し、さらに自らを「おれは今この骨の折れる仕事に取りかかっている。もう十分に自分は壊れてしまっているからだ」と告白する。骨の折れる仕事とは何か、それは単に「いかにかすべきわが心」という思いで佇み、身動きしないわけにはいかぬ。言わばいかにこの世が「地獄絵」で、それを全身で感じ、観た者はただ「虚空遍歴」などするわけにはいかぬ。百年前だったらランボーのように砂漠へと人々に別れを告げ、混沌濁流の現実の中でのたうち、自滅出来たかもしれぬが、時すでに遅く「前例」がいる。断じて架空のオペラを演じない事。それにしても、自己のバラバラになった意識をいかに生々しい現実の中に復活させるか？　変容せしめるか？　果たしてその受け継いだ「事業」をどこまで成し得るか？　ここで小林秀雄の己自身の内的戦いの末の表明が、覚悟があの「批評家失格」という文章を書かせた。公人から私人への移行、それもべらんめえ調の表現となった。彼の表現には、なるほど他人が誤解するような言葉が沢山書かれている。むろん本音もウソも、何もかもそれこそ「ごった煮」のごとく。「作家というものは、生み出そうと足掻いているだけだ、現実とできて子供が生みたいと希っているだけだ。なにも壊そうとはしていない」、本音である。「芸術の、一般の人々の精神生活、感情陶冶への寄与、私はそんなものを信用していない」、これは嘘である。「批評と創造との間には、その昔、無機体が有機体に移ったような事情があるのであろう。正しくつながりがあろうが、また、正しく隙間があるのであろう」、これは彼の人間に対する現実の直視と、事実とを敢えてあやふやにした「いかにかすべきわが心」の思いから出た複雑な言葉である。敢えて言えば、名状し難い苦痛と悲哀の叫びが文章の底流に鳴り響いている。

「――地獄絵の前に佇み身動きも出来なくなった西行の心の苦痛を、努めて想像してみるのはよいことだ」と。これはそのまま小林秀雄自身の姿にも当てはめることが出来る。彼は相手の眉間を割る覚悟はいつも失うまい、と言った。だが彼は一度たりとて相手の眉間を割ったことはない。彼に対する攻撃の急所、隙はまさにここにある。情の脆さである。その脆さが、その情が深く緻密でなければ人生を達観する「仙人」と化す。仙人面した物分かりの良い浅はかな人種、それを彼はインテリと呼んだ。それにしても、それにしてもである、彼は相手の眉間を割ることは無く、常に「寸止め」をする。

他人を切り刻む前に自分を徹底的に切り刻んでいるからだ。彼が論じたランボー然り、ニーチェ然り、西行然り、その他然り。彼の取りあげた人物達には自己の宿命と似た「愛と認識の殉教者」が多かった。同じ心情、つまり「いかにかすべきわが心」の思いをもって人生を「のたうちまわった」人物達の魂が、その思いが小林秀雄の表現の原動力であった。だから「探る眼はちっとも恐かない、私が探り当ててしまった残骸をあさるだけだ」とか、「私は、理智を働かせねば理解出来ぬような評論を絶えて読んだ事がない（私の評論などは言わずと知れたこの部類だ）」などと自負と必要以上の謙虚さをわざと入り混ぜて「自・他」を同時に戒める。

パスカルではないが「つけ上がるなら、おとしめてやろう。卑下するなら、ほめ上げてやろう。わたしは、あくまでさからいつづける。かれがとうとう、さとるまで、わけのわからぬ化け物みたいな自分のさまを」。(『パンセ』パスカル著、田辺保訳、角川文庫、1976年、二三四頁)

「この世において一人でも救われぬ者あれば我が思い、祈り成就せず」。真の「自己認識」に至った者は例外なくこの境地に達する。かつて釈迦が出家する時、一個人の苦しみを見て全ての「苦しみ」を観じ、一人の悲哀を見て全ての悲哀を観じ、他者の苦悩も自己の苦悩と観じたごとく、バラバラに自己解体された個人の自我は自己の魂の裡にあらゆる「魂の相」を観じ親和する。あらゆる人々の「阿鼻叫喚」の相をまざまざと観、体験する。単なる知識や観念ではなく、自己をとりまくあらゆる現実そのものの実体がまさに「地獄」そのものであると観え、感じた時に人は名状し難い苦悩、悲哀、絶望、おのれの非力無力さを思い知る。

「いかにかすべきわが心」の想いが、単なる想いではなく個人の魂の裡に「マグマ」のごとく灼熱し、吹き出んとする。だが一体どこに、どこへ？　誰に？　このマグマがおのれの身を、魂をさらに焼き尽くす炎と化し、その果てにゴッホのごとき存在となる。

「君は、或るオランダ人の詩人の言葉を知っているか。『私は地上の絆以上のもので、この大地に結びつけられている』（近代絵画、ゴッホ）と。これが苦しみながら神経病をわずらいつつ、私の経験した事である」と。

又、「僕は、自分に振られた狂人の役を、素直に受け入れようと思っている」。なぜか？　ゴッホのやさしさが自己を他人以上に厳しく律する。だがそれ以上に胸に燃えあがる炎は強い。「僕らの魂の中には、大きな火があるのだろうが、誰も暖まりにやって来る者はない。通りすがりの人々は、煙突から煙が少々出ているのを見るだけで行ってしまう」と。悲しいかな、だが止むを得ぬ。近づき過ぎるとヤケドをするからである。その事はゴッホには嫌というほど分かっていた。だから次のような言いようのない言葉も吐く、「ああ、湿った、溶けかかった雪が降っている。私は夜中に起き上がって、田舎の景色を眺める。自然がこんなに心を緊めつけるような感情に満ちて見えた事は、決して、決して、今までになかった事だ」と。人は誰でも自分の愛する者を助けたい、成長させたい、何とかしたい、己が生命を賭しても救いたい、という思いがある。強弱の差こそあれ、誰でも持っている。だが、それがかなわぬ時に非力だ、無力だ！　為す術もなく、ただ、ただそれを観ることしか出来ぬ、観続けることしか出来ぬ、と悟れば悟るほどその個人の魂は激しく苦悩する。

ただ「佇む」事しか出来ぬ熱い心情を所有する魂は人々の苦悩や悲哀を胸中深く蔵し、察し、これ以上自分が存在するだけで、自分のみならず、他人をも苦しめ、哀しませ、迷惑をかける、と感じ思えば想うほど「もう幕だ！」と、自己を、自らの手で抹殺しようと想う。その時、自然の何気ない風景や人の目にも留まらぬ雑草等、何もかも全ての自然界の光景が切なく、苦しく心を緊めつける。あらゆる存在に対する「深い真面目な愛」が自己の無力さ非力さを自ら裁く、そしておのれに対し、「死」を宣告する。

生身を具えた個人が普遍的意識に至ると（心情であれ、観念であれ）、一個人を支える一切の基盤が消失する。だが、それでも依然として肉体を持つ個人は、あくまで「個人」として存在する。個と全体との一体感を感覚レベルにおいて体験した場合に、先に言った「心眼」が覚醒し、思考を通して「自己認識」がいやでも自覚され「世界認識」へと発展する。ここにあらゆる「個人」の存在の、生存の危機が、自己喪失の可能性がある。

真の正気とは多次元的意識と心情を具え、かつ明晰な自己意識を所有した個人の「対人間関係」の異名である。その意識を日常的に持続することが非常に困難なのである。少しでもバランスが崩れると人格が分裂し、崩壊する。ましてや「教義」によらず、「体系」によらずとなればなおさらである。通常にいわれている狂気とは所詮「現実からの逃避」である。尤も、その区別をつけるのは果たして正気の者か、狂気の者か分かったものではないが。

敢えて言えば、今日の状況においては真の狂気が、真の正気でもある。無論、日常生活で他との調和がとれずバランスを崩せば「病い」と断定されてもやむを得ぬ。この実体を知らぬ者達がいわゆる「狂気」という非日常的な意識状態に憧れる。

近代から現代に至っていわゆる「愛と認識の殉教者達」が続出した。有名無名を問わず。

「無知の知」の意識と、「抽象表現」の形式を生み出した原理は根本的に同質である。その自覚が、その意識が、個人の魂に意識化させられる。そして、それを一般化せねばならぬ、させねばならぬ、と。だが、自我の奥底を覗き、かつ、自己のバランスを保つ事だけで精一杯の自分が、「成しうる事を為す」ことは自明のものとなっている。自己の生きている時代に即して、即さずいかに、そのことを「万人」に伝えるか？　いかなる表現、形式を生み出さねばならないか？　それも「個人の名」のもとに、かつて聖者達が所有した意識を、心情をいかに悟らすか、どのような階段を、パイプを、橋を作るか。

「いずれにせよ、人間は、憎悪し拒絶するもののためには苦しまない。本当の苦しみは愛するものからやって来る。天才もまた決して例外ではないのである」。天才であればあるほど苦悩は深く、強く激しい。当然である。「彼岸と此岸」のはざまに意識的に立つからだ。彼の「プロメテウス」のごとく。「肉は悲し」に留まり呪縛される意識だけでは「象徴の森」「虚空遍歴」から脱け出ることは出来ぬ。

ただ「近代」という時代にあっては、小林秀雄の言うごとく「伝統や約束の力を脱し、感情や思想の誘惑に抗し、純粋な意識を持って人生に臨めば、詩人は、彼の所謂人生という「象徴の森」を横切る筈である。それは彼に言わせれば、夜の如く或いは光の如く、果てしなく拡がり、色も香も物も互いに応え合う。こういう世界は、歴史的な、或いは社会的な凡ての約束を疑う極度に目覚めた意識の下に現われる。それは彼の言う『裸の心』が裸の対象に出会う点なのである。詩の自律性を回復する為には、詩魂の光が、通念や約束によって形作られている、凡ての対象を破壊して了う事が、先ず必要である。とボードレールは信じたと言える。そうしなければ、言葉の自在を得る事は出来ない、何物にも頼らない詩の魅惑を再建することは出来ない、と信じた」。これは詩に限らず他の分野にも言える。そして「詩」という言葉を「個人」という言葉に置き換えてもいいのである。「詩魂」とは「いかにかすべきわが心」の精髄である。

「いかにかすべきわが心」だけでは済まぬ現代にあって、知的ゲームの達人や地上を、日常的生を遊離する中途半端な神秘家や、教義に呪縛された宗教家達は毒にも薬にもならぬ「仙人」に過ぎぬ、やじ馬に過ぎぬ。

彼の哲学者の言う「物自体」という「物」に対する認識が物質なのか、魂という物なのか、精神というものなのか？　その認識の土台となっている視点自体の吟味が徹底的になされているのか？　単に五感覚を通して知覚されたものを「土台」としての「もの」を考えたとすれば、「盲人」にとって「色」は存在せず、耳の聞こえぬ人にとって音は存在しない。「知覚」という能力を限定することによって思考はその道筋を歩く。だが感情も心の動きも、想念すらも人間は感じ取る、いわゆる「知覚」することが出来る。単に「唯物論的」な視点からすれば、あらゆる感情、想念、等々「空想・主観」の産物に過ぎぬ。その視点から存在根拠を果てしなく遡及していけば、ついに宇宙の「霧」まで行き着こう。その先はそれこそ探求不可能な「無」である。だが、そこに至るまでに道具として用いた「思考」は一体どういう存在か？　思考をすでに自明の「もの」としている認識をどうやって得たのか？　まさか石ころのように転がっていた訳ではあるまい。だてや酔狂で人間に思考能力があるのではない。その思考をもって、自己の「思考内容」をも思考を使って思考するのである。俗に言う「反省意識」ではない。反省すらも思考が思考するのである。むろん、思考という言葉も、反省という言葉も、言葉という言葉も、あらゆる命名されたものは全て思考を通して得られた「概念」である。

思考そのものは人間が世界認識をするために「時空を超えて活動する普遍存在」であり人間が生命をもっているように活動している精神存在である。そしてその「思考そのもの」は通常の主観でもなく客観的意識でもない。いわば「叡智そのもの」の精神存在である。人が何かを意識し知覚した時、瞬時に活動を開始する。ある問題を考え、結果なり判断を下した時にその思考内容を又考える。その考えている時に常に「思考」は活動している。いわば思考方法の在り方、プロセスを又その思考そのものが瞬時に思考する。本来この思考こそが「純粋思考」と呼ばれうるものである。ただ人はそれを無意識的に使っているにすぎない。

「神は死んだ」というニーチェの言葉によって人々はますます自己を増長させうる「動因」を得た。それこそ、「人の数」ほど世界認識、解釈は増した。その現象はかつての「バベルの塔」のごとき壮観となった。ニーチェの思惑とは裏腹に人々は喜んで「自由」という実体の無い得手勝手に色づけ出来る商品に飛びついた。

「いかにかすべきわが心」の所有者はその中にあって、社会のなかではいわゆる「余計者」「呪われた者」、反抗者となる。悪しき「虚無観」と実体の無い「無常観」が世界の根幹となり、機械的合理精神が蔓延し、人々の魂に忍びこむ。人々の魂の内の無秩序、混乱した価値観、視点の洪水。現象面では合理的監理システムが発達する。

「世の中が悲惨になればなるほど、表現は抽象的になる」と、画家のクレーが言った。だが、世の中とは何も可視的、物質的世界が全てではない。環境や時代状況に関係なく基本的に地上に生きるということは、古今を通して、一貫して流れている人間存在の内的自覚「汝自身を知れ」の根源的な存在への「問い」なのである。「物自体」に到達出来ぬとは所詮「孫悟空」の意識にすぎない。

現代においては実体無き「無知の知」や「無常観」は既に「世界観」として猛威を振るっている。悟性的思考の情報的知識によって。実体の「有無」に関わらず一つの意匠となった。相対的世界観の名の元に一見「自由」は自由となった。バベルの塔は宇宙まで聳えたったかのごとく見える。

ついに孫悟空は五本の柱に到達した。暗黒の宇宙空間の中に星々が煌く。

——だが、星々の輝きは太陽の反照にすぎぬ。

闇黒の空間に絶叫が充満している、星々は自ら輝いてはいない。光源は別にある、太陽の叡智は万物を隈無く照らし、存在を知らしめ成長させる。

小林秀雄は「人間とは、人間になりつつある動物かな」と。——なぜ我々は「おのれを失わずに他人と協力する幸福、和して同じない友情の幸福」を得る事はそんなに難しいことなのか、と。

＊

私が体験した魂的内的体験を他者に語っても変人、狂人扱いされるであろうことは自明であった。私は自分が孫悟空のごとき意識存在であったことを痛烈に思い知った。私のように天性の相対的意識が魂の質である人物を覚醒させるには、過酷な環境が必要であったのだ。

私は兄や弟が精神のバランスを失う時の意識状態を嫌というほど実感、体感した。通常の人間であれば間違いなく自分自身を制御することや社会の中で保持するのはすこぶる難しい。

眼前の人物の魂が、一気に私の魂に流れ込む。それは名状し難い苦痛を伴った。いわゆる、心眼と言えば響きはいいが、他者の魂が自分の魂と融合することは想像を絶する嵐の中にいるようなものである。さらには、私の肉体は食を拒否した。私は少量のキャベツなどを薄めた牛乳と一緒に無理やり胃に流し込んだ。だが、胃が受け付けず、吐き気を催し嘔吐を繰り返した。私は私自身の変容した自我意識と肉体との戦いの渦中にあった。ほんの数歩歩くだけでも凄まじい意志力を必要とした。私は自分の肉体を鍛え、頑強にしていたことの意味も悟った。

私は、私の至った意識状態で悉《ことごと》く斃《たお》れた人物達の魂をまざまざと魂の裡で観ていたからである。私は道半ばで斃れた歴史上の人物達を認識の殉教者と呼んだ。ただ、なぜおれがバトンを引き受けなければならぬのか、とも思った。しかし、「一度目覚めた者は二度と眠ることは許されぬ」という言葉が魂の裡に鳴り響いていた。

私は全世界を敵にまわしても戦わねばならぬと覚悟した。

私は神秘体験と称されている体験を日々味わっていた。ただ、その内容を言葉に変換するのは難しい。私が味わっている体験内容を他者が聞けば頭がおかしい者の空想、妄想の類として一笑に付されるであろうことは明白であった。近代以降の文学や哲学において、その悲劇は明瞭に語られている。

私の対話する相手は歴史上の人物達、死者達であった。
異常な意識状態の状況で、私が通常の接客商売を続けるのは三年が限度であった。

*

私は接客の仕事と並行して自分に必要な書物を異様な集中をもって貪欲に吸収した。道を歩く時にも本を読んだのは、心身のバランス保持にも不可欠だったからだ。
店に来る常連の若者には理解できるような言葉を選び対話していたが、用いる言葉、概念がそれぞれ違う。相手に応じて言葉のための言葉の説明を要した。私の身体や脳味噌がギシギシと軋《きし》んでいた。眩暈《めまい》と吐き気、頭痛、身体の痛みが常に伴った。それでも私のすべき使命がマグマのように内部に滾《たぎ》っていた。それまでの友人は私を恐れて去るか、私の異様な気迫と雰囲気に圧倒されても去ることもできず、怯えつつも会いに来た。

私は日常の中で半ば不可能ともいえる人類の理想を、相手に応じて恫喝するように語っていた。無論、見境なく話をしていたわけではない。衣食住に埋没している人物達には沈黙を守っていた。相手の能力や資質、意欲に準じて対処していた。

二十九歳の時に付き合っていたY子とも別れることになった。彼女も生活の安定を選んだ。同郷の男性と結婚の約束をしたのである。これもやむを得ぬことであった。

三十歳の時に、所属していた公募団体の会長宅の美術研究所に通っていた伸子と知り合った。彼女と出会った瞬間に私の中に躊躇《ちゅうちょ》が生じた。彼女の目に人間不信から来る虚無観と人生の根源的問いが仲良く同居しているのを見たからである。ただ、彼女はすこぶる頑固で、強固な意志、獣のごとき直感力を備えていた。私は、私と付き合いたければ、私が読んだ難解な書物を読むようにと、伸子に言った。次回に会う時にその書物の感想を聞かせてくれと。私の提示した要求がきつくて逃げだせば、それはそれでいいと思っていたが、彼女は訳が分からなくとも真剣に読み、一歩も後に引くことはなかった。この期間は一週間であった。ほとんどの人物は一時間もすれば底が見える。

私は伸子と一緒になる決意をした。私の生き方を丸ごと無条件に認めた最初の人物であった。私は伸子に言った、「私はいつ死ぬか分からぬ生き方をしている。それでもいいのか」と。しかし、私の問いに彼女は動じることはなかった。

私は伸子を私の親に「結婚する」と紹介した。

＊

私は、銀座の日動画廊主催の「昭和会展」に二十七歳から招待出品作家となっていた。私が最年少であった。当時の私は抽象表現が主であったが、「昭和会展」は具象傾向の作品しか受け付けなかった。そのため半具象の作品で応募し招待作家となったが、三回目の時は完全な抽象作品を出品した。これ以降「昭和会展」には出品しなかった。三回目の作品は北九州市の「木村奨学会」で三点とも買い取られて、北九州市立美術館に寄贈された。

「昭和会展」の作品を観て新宿のT画廊が私と契約をした。画廊のオーナーは喧嘩さえしなければ長くお付き合いしましょうと言ったが、私は自分の描きたいように描いていたので、三年も経てば自然消滅した。画商は自分の気に入る作品を作家に暗黙に強いるのである。その期待を作家が受け入れなければ自然と切り離す。これは相手側に立てば当然のことである。彼らも生活がかかっているからである。

＊

私と伸子の結婚は彼女の母親や兄姉に反対された。私が中学校しか出ていなくて画家であることが理由である。これは親兄姉からすれば至極当然のことである。伸子は福岡県遠賀《おんが》郡出身で歯科医師であった。東京医科歯科大学歯学部を卒業後、当時は某大学歯学部歯科麻酔学教室の助手をしていた。現実的に考えれば先行き不安定でどうなるかも知れぬ人物との結婚など賛成できるはずもない。

当時、私の周りには観念的理想を掲げた学生しかいなかった。その友人達が夜中でも毎日のように来ていた。伸子は親兄姉の反対と、仕事と友人の接待で心身ともに疲労が蓄積していた。この状況が続けば心身のバランスを崩す恐れがある。私達はすぐに婚姻届を出した。彼女の母親には事後報告だけにした。

五、

私が銀座の小さな画廊でグループ展を開催している時に、ある人物が私の絵の前で気配を消すかのようにして凝視していた。私が持ち回り当番の時である。私はこの人物は相当観る眼を持っていると感じた。そしてお茶を勧めると「この作品はどなたのですか?」と聞いた。私のですと答えると、彼は「あぁ、やはりそうですか」と。彼は当初、自分の職業を明かさなかった。痩身《そうしん》だが、明晰な眼差し、頭の周囲には透明で涼しげな空気が漂っていた。私が大学の先生ですか?と聞くと「ええ、まあ、生化学を教えています」と。私が「東京大学でしょう」と言うと、若干羞恥の面持ちで「そうです」と答えた。通常は相手が東大の教授であると知ると引くであろう。彼はそれを体験上知っていて身分を明かしたくなかったようだ。彼は私と話をしている中で私の作品を「購入したい」と申し出た。以降、永井克孝《よしたか》氏は私の作品の数少ないコレクターになった。

永井克孝氏も現代の文学や芸術の衰退に憂いを感じていて、才能ある作家を自分の足で探していたのである。彼を知っている人物から聞いた話であるが、彼は学生に対して「自分自身の野心のための研究などする人物は私の教室には要らない」と常に言っていたという。

この時期に前後して私は四人の天才的人物と出会った。

最初は彫刻家の天野裕夫氏である。当時、彼はまだ二十六歳であった。彼の作品の内側には深い苦悩と異様な緊迫感が秘められていた。彼の作品は周囲から気味が悪いと言われていた。しかし、私は作品もそうであるが、彼の風貌から尋常ならざる苦悩を感じた。私は彼に「あなたには途轍《とてつ》もない才能がある、それも真の優しさからくる懊悩である」と、告げた。そして彼の小さな作品を三点購入した。彼は私の評価を訝《いぶか》りながらも羞恥の笑顔で私に感謝の言葉を言った。この出会い以降、彼とは長い付き合いになる。

二人目は中島淳一氏である。私が日仏現代美術展に応募してロイユ賞一席になった時に、彼もクリテック賞を受けた。奇しくも翌年に同時期に銀座で個展を開催した。画集で彼の作品を見ていた私は彼の個展を見に行った。彼も私の個展を見に来た。お互いに会った瞬間から意気投合した。彼ともこの出会い以来、同志のような友人となった。彼は詩人、画家、独り芝居（後に一人演劇と改名）と表現の活動を広げるようになる。

三人目は建築家の高崎正治氏である。彼はドイツから帰国したばかりであった。外国では有名であったが、彼の建築は芸術的要素が強く、四、五年くらいは日本では受け入れられないであろうと、貯蓄を切り崩しながら生活を極度に切り詰めていた。彼とも長い付き合いとなる。

四人目は画家の杢田たけを氏である。彼は独立美術協会の幹部であった。彼の作品を初めて上野の東京都美術館で観た時に感じたものは、霊性に満ちた空間であった。素材は木材を主に構成されていた。会場では本人に会えなかったので、展覧会の目録を買い、彼に手紙を書いた。私の個展を杢田氏が見に来てからは親子のように親しくなった。私が銀座に画廊を開設してからは、毎年彼の企画展を開催した。彼は私が知る限り日本の洋画史上に残る画家である。だが、彼の作品は正当に評価されてはいなかった。彼は私に言った。「若い頃に権威ある美術評論家に言いたいことを言ったからだ」と。その評論家は皆にあの杢田を無視しろと通達を出したそうである。このようなことは何も芸術界に限ったことではない。

*

私は精神分析や神秘学の書物も読んだ。代表的なフロイトの観点は徹底的に唯物論的観点である。人間を動物と等しいと見なす観点の考察では、生命保持の心理には通用しても人間の魂の考察には限界がある。それを不服としたユングは各民族に共通する神話の世界へと考察を深めた。だが、彼の「集合的無意識」という概念はあらゆるものを包むことのできる大風呂敷にすぎない。ユング自身も神秘体験はしていたが、その体験を語ることや考察は断念していた。自然科学の発達は物質界、五感覚で捉えうるもの以外は認知されぬことを熟知していたのであろう。

私は神秘家という存在にはすこぶる懐疑的であり、地に足がついていない人物の世界観には全く興味がなかった。しかし、例外的人物がいた。ルドルフ・シュタイナーであった。彼と最初に出会ったのは私が三十歳で、建築の書物を通してであった。彼の建築は見事なフォルムとリズム、生命的、有機的に建てられていた。まさに未知の建築様式であった。彼の絵画は技術的には稚拙であったが、歴史上のあらゆる巨匠の要素を含んだ精妙な空間が描かれていた。当時は建築の本を含めて三冊しか書店にはなかった。

当時の私は自分にはまだ何かが欠けている、という自覚があった。シュタイナーの著作を読むことで自分自身の立ち位置が決定した。彼の著作の数ページで私が体験した内容は全て論理的に考察されていた。私が体験したことがシュタイナーの著作を通して腑に落ちたのである。

しかし、私は身をもって経験しないと信用しない。

シュタイナー著作の『いかにして超感覚的世界の認識を獲得するか』（高橋巖訳、イザラ書房、１９７９）に書かれていた行を一ヶ月位実践した時に意識的に霊界に参入した。轟音とともに眩い光の中で、凄まじい霊光に徹底的に焼き尽くされたのである。いわゆる、クンダリーニと言われているものである。尾骶骨から脳天へと眩い光が渦を巻いて一瞬に突き抜ける。だが、クンダリーニ覚醒後に透徹した概念思考が錬磨されていなければ空想妄想、幻視等の真偽を見極めることはできぬ。巷にあふれている自称神秘家、神秘体験をしたと称する人物達の著作を読むと、純粋思考が備わっていないと感じる。

霊界でのあらゆる諸体験は現実以上にリアルなものである。私は漆黒の闇の中で霊界の境域の守護霊と出会い、様々な霊的試練後に筆舌に尽くせぬ凄まじい光芒《こうぼう》を放つ大守護霊（キリスト存在）と出会った。その瞬間に私は突っ伏し号泣した。自分は塵以下の存在であることを痛感した。これは実体験せぬ限り信じ難いことである。

境域の守護霊を語るには文学的表現にならざるを得ない。その時の体験は「告知」の中に表現した。

「告知」

人々が深い眠りに墜ちる時、その時に密やかに語られる言葉がある。本来、その言葉は昼夜に関わり無く語られているのだが、感覚界の鈍重な知覚のベールがそれを常に阻んでいる。ゆえに夢の中でさらに意識的に夢見ることが可能なほど強靭なる魂しかその霊妙なる言葉を日常のなかで聞くことは出来ない。

一体、何だ？　さっきの妙に生々しく鮮烈な夢は。不思議な郷愁とおぞましさが混淆していた。

それにしても、この冷徹なおれがたかが夢ごときにおののくとは……

おれにとって此の世界、日常自体が夢のようなものだ。誰も彼もが自分を見失い微睡みのなかで夢のように生きている。おれはそんな奴等の夢と付き合いながら同じ夢をみることはない。奴等は夢から醒めることを恐れている。

おれは物心ついた頃から此の世は実体の無い夢に似ていると感じていた。

おれにとって他人の夢とは浅い微睡みの心理学的範疇にすぎない。それぞれの自覚していない深層のなかに潜む願望や欲望が様々な様相をもっては多様に現象化し、それに自分勝手な意味付けをしては安心している。

世の心理学者や哲学者共はそんな眠りの意識を暴露したり整頓してはわれこそは目覚めていると独り悦に浸っている。所詮、同次元の五十歩百歩にすぎぬ。お互いにせいぜい夢を夢みている同類であるのだが、夢の世界の住人達同士ではその判別は困難であろう。

さては、無常なる此の世にあって彼らには必須の生存の支えでもある、その夢を無碍に壊す必要はあるまい。

おれはそのように此の世は夢の世界、即ち無常であると認知して生きていたのだが、そのおれ自身の認識がこのところ怪しげになってきた。ふいに何の前触れも無くおれの精神、いや、存在自体を震撼させるような戦慄的な衝撃が時折襲いかかってくる。それも昼夜を問わずに得体の知れぬ痛みや吐き気を伴ってだ。おれの何かが変化しようとしているのを感じるが、それがなんであるかは不明である。このところ不眠もひどい。恐らく、疲労であろう。そのせいか、まるで自分が自分でなくなるような時がある。如何なる時も冷徹であることが信条のおれにとってはすこぶる不快ではあるが、忌々しくも如何ともし難い。

＊

さあ、目をそらさずに見るのだ。お前にとってこのおれの姿がどれほど醜悪に見えようとも、このおれはお前自身なのだ。そしてこのおれをお前が見た以上はこのおれから逃れることは出来ない。なぜなら、このおれの姿は今後のお前如何で如何様にも変化する。

お前はお前自身が完全に成熟する前にこのおれに出会った。これはお前自身が望んだことだ。おれの存在は今までのお前達から見れば死の天使でもあり霊界の番人でもある。お前次第によっては良き導き手にも悪しき導き手にもなるのだ。おれはお前が何度も転生を繰り返してきたのを知っている。お前が肉体を自分の自我だと信じている時も常に側にいて試練を与えてきたのだ。だが、すでにお前が望もうが望むまいが、お前達にとっては死と呼ばれている世界に踏み込んだ。お前がおれを知る前は、お前をおれと共に導いてきた霊界の存在は一斉に離れる。

ゆえに、今後はお前自身を導いてきた存在達の助け無しに全ての行為はお前自身に回帰する。さらに、お前であるおれの姿が醜悪な悪鬼と化すか崇高な存在と化すかも、お前自身のこれからのお前の行為次第である。おれはこれから常にお前から離れることはない。（拙著・詩集『暗き淵より』漉林書房2000より抜粋）

＊

私は意識的な霊界参入を通して自分の立ち位置、行動の基盤を決定した。だが、日常生活の中で神秘学用語を用いずにどのように他者と接し、処するか。しかし私にとって、如何なる思想も血肉化せずにただ鵜呑みにしてきた人間を相手にする事自体、尋常では無い苦痛が常に伴った。

私は徹底的に熟慮した結果結論を出した。一人ひとりに対して全存在を賭けて向き合う事。それも相手の能力、資質、自覚に準じて、と。私は「創造的人間関係の基礎を作らなければ人類に未来は無い」と痛感した。そのためには一人ひとりに全身全霊で相対する事。そして私はソクラテスの対話法を用いた現代的方法が必要であると思った。さらに、パスカルの「つけ上がるなら、おとしめてやろう。卑下するなら、ほめ上げてやろう。わたしは、あくまでさからいつづける。かれがとうとう、さとるまで、わけのわからぬ化け物みたいな自分のさまを」(『パンセ』パスカル著、田辺保訳、角川文庫、1976年、二三四頁)これを私流の方法で、である。

私はその方法を「魂の遠近法」と命名した。私は自分の肉体が朽ちるまで貫くという決意をした。

私が当時書いた決意表明の詩と散文詩、エッセイである。

(拙著・詩集『暗き淵より』より)

「ちょうのまい」

ちりぬるをはひさしくて
ひたひたむきにちょうのまい　ふいのやみふゆ
めのいぶきのみにたゆるひとひとのなみ
くるいむかしにようまいのただひたむきのちょうのまい
やみのうたげにたえぬるをいきしちに
これひたひたむきのちょうのまい
みえたりよめたりのたまわず　ひとひとびとにまいくるへ

しられずみられずうろたえず
ひたひたむきにちょうのまい

『人類は我らの遊星、地球にとっての高次の感覚器官である。人類は地球を上なる世界と結びつける神経であり、上天を見上げる地球の眼である』（ノヴァーリス）

創造精神の内奥より汲み取られた、この言葉によってノヴァーリスは遠い未来まで光を放っている。

凄まじい苦痛、戦慄、歓喜を伴う至高の瞬間を経ることによって獲得する意識を通して、魂は肉体の、心情の、思想の殉教者と化す。独特の死の洗礼を三度受けた魂は、嘆くことも、呪うことも、ましてや仙人にもならず、皮相な虚無者達や、聖域を性域と錯覚するおめでたい連中にはとりあえず沈黙を守り、ひたむきさ、誠実さ、成長する者に対して、こよなく愛しさを感じるという習性が増し、極度に倍増した感覚とイメージの重圧、音叉の作用を及ぼす無数の思念の流れ——透明な苦痛をつぶさに味わいつくす間に、個人差のある試練は何度もくり返され、闇と光の本質を、いやというほど思い知らされ、十重、二十重の孤独の酒はひたすら寒気を催し、胸を掻きむしる想いが毒を増し、一時とはいえ、地獄巡りを上まわる恐るべき名状しがたき、悲哀とよべぬ張りつめた悲哀感、不眠と神経の極度の疲労は、真昼の思想や真夜中の詩をうのみにして、地の果てに来たと信じ込んでいるしたり顔の連中をブチ殺したくなる発作を招き、未熟さと焦りは切りきざむことに快感を覚え、愛するものへの過激さはみずからを粉々にすり潰す。断じて殉教者となるなかれと言い聞かせる声を上まわる狂気の衝動——超正気を歌う連中のヒステリックな声のなか、不思議な静けさと語らいつつ、死者と対話をしつつ、くそ、くそといいつつ、歯ぎしりと炎に焼かれつつ、狂おしく地を這いずりまわる。〝肉は悲しい〟とは、言わせない。〝呪われた道〟とも言わせない。とことん汲みつくすまでだ。（「炎眼」拙著『小林秀雄論』より抜粋）

＊

今日に生きる我々人類の個々人の課題としていかに創造・即興精神を日常化するか、という根源的問いが自覚・無自覚を問わず課せられている。無論、この問いの自覚の度合いは各人各様の意識のありようによって異なる。

私は絵画表現を突き詰めている途上にて、この問いの根源的問い、自覚を二十六歳の時に痛烈な内的体験によって徹底的に味わった。古来よりの「汝自身を知れ」の実体験でもあった。

以来、いかに日常的生にこの課題を溶かし込むかという日々であった。一切の分野、人種、教義を問わず古《いにしえ》より綿々と地下水脈のごとく流れている人類の問い、課題を日常に顕現し表現し得るか。これは自分自身をも一素材として、存在するあらゆるものをより高次の精神の段階まで統合し得るかである。

私は時代や意識の諸段階を問わず、あらゆる魂の内奥まで踏み込み噛み締めた。真の即興、創造精神の日常化は未来への橋渡しであり、今日の浅薄な相対的世界観に呪縛された魂の闇に向かって射る光の矢でもある。自明だが個々人の才能、能力に準じて成し得ることを為すしかない。

*

私の毎日は、心身の自己コントロールと他者に応じた対話法を血肉化するために極度の緊張を緩めることはできなかった。私の理想は、人類を導く導師の可能性がある人物を育成するという目も眩むような想いを抱いていたのである。私の理想を他者が聞けば誰でも「傲慢不遜・誇大妄想」と思うであろうことは百も承知であった。相手の眠っている可能性に焦点を当て、常にあの手この手で働きかける。出会いと決別、無理解と誤解は大前提である。

人間の認識に限界はない。当人自身が線引きせぬ限りは。当人が自ら限界と思っても、その限界が新たなスタート地点になる。ただし、貫く意志力と意欲のない者には踏み込むことを禁じた。

私達のほとんどは、自分の頭で考えたり思うだけでは他者に対して大した影響は与えぬと思い込んでいる。しかし、現実以上に影響を与えるのである。このことはなかなか理解され難い。自分自身があらゆる想念、情念などの流れを感覚的知覚まで感受するようになって初めて痛感する。これも言葉では説明し難い。

この間の事情は通常の表現では難しい。ゆえに文学的な様相を帯びた表現にならざるを得ない。

＊

おれの全意識を一変させたあの内的体験以来、おれは死者達のなかで生者となり、生者達のなかでは死者同然の存在となった。おれはおれの意識全てを自他の魂の裡に溶解させた。一切の境界が消えうせることによっておれの肉体は軋み、悲鳴をあげた。獣を馴らすようにおれはおれ自身を制し馴らした。日常生活そのものが嵐となった。おれはその状態のなかで狂気の何たるかを思い知った。自己を律するためには言語による透徹した思考と不屈の意志力は必然であった。生来の相対的自己意識がなかったら父、兄弟のように精神のバランスを失い、今のおれは存在しなかったであろう。

　おれは魂の裡にありとある人々の人生を内観した。個人史と人類史が重なり、歴史上の人物達はおれに助言を与える友人となった。死者達と対話し、生者達とは現象的には火花を散らすことになった。おれにとって一般に直感とか、無意識といわれているものは日常の意識と化したのである。名状しがたい苦痛と悲哀の中心におれはおれ自身を埋葬した。自己覚醒に至る道、この課題自体が人類生存の根本課題であった。無知の知が出発点であり、日常生活において血肉化し得る基本の意識そのものであった。おれは意識的にあらゆる人々の魂の最奥まで入り込んだ。ディオニソスの秘儀参入であった。まさにあらゆる地獄めぐりであり、常人の意識では堪えうる光景ではない。日常の実生活のなかでもその状態が続いた。観念も想念も心情も全てが一緒くたとなり、感覚的知覚としておれのなかに流れ込んだ。まともに人間と呼べるような存在はどこにもいなかった。肉体を維持するために食うことすら戦いであった。

おれは自分自身の肉体に無理矢理エサを流し込んだ。生来の無邪気な相対的意識と頑丈な肉体がなければ、心身ともにバランスを失い自滅していただろう。また、おれが知る限り真空の漆黒の空間に堪え得るほどの強い個人は存在していなかった。おれがかかる物言いをしても他者は信じまい。だがおれは後から同じ運命を備えた者の歩む存在の里程標となるだろう。でき得る限り先に、深く強く自らを変容させねばならぬ。自明のことだが、神秘学と呼ばれる分野にも深く関わる。しかし、神秘学用語を用いずに日常化することとの意味は今の時代のなかでは最も重要なことである。このことを自覚的に活動している個人におれは未だ会ったことはない。小林秀雄ですら文章表現に留まった。他の神秘家と自称している連中は、いわゆる主観的心理学の範疇を出ていない。嫌になるほどのどかな光景である。どれほどの天変地異、人災があっても単なる一現象として終わるであろう。人はそれぞれに準じて使命、役割を備えている。だが、その覚悟に目覚めるのは自己の内的要求によるものだ。さらに言えば、聖者の意識に達し得たとしてもそれで終りではない。自己認識に限界はない。常に途上であり、神々と共同作業を通して自らを高め、成長させる。ただその日常化がすこぶる困難であることは事実である。人間として誰でもが歩む道なのであるが、今のところその自覚は難しい。

特に近代から現代におけるあらゆる分野の芸術表現は、個人の魂の内的プロセスそのものである。しかし、ほとんどの個人は今の時代状況ゆえに方向性を見失った。全ての価値観の相対化と自由の名の下に、何もかもが私物化された。実に暗澹たる状態である。ゆえに分野を超えて交流するためには、どうしても魂の遠近法を用いる必要があった。偏見と無意識の恐怖は魂を歪ませる。特に理論で武装した物知りほど頑迷の度は強い。今日、物神思想の力は、魂の無意識の部分まで強力に作用している。オカルト思想にまでその力は及んでいる。由々しき事態ではあるが、この状態を説明するのは困難である。現代の思想の最先端と思われる人智学運動ですら、創始者のルドルフ・シュタイナーの壮大深遠な世界観はすでに半ば形骸化しつつある。

ゲーテの書いた『ファウスト』（高橋義孝訳、新潮文庫、１９６７）は悟性の限界の魂の在りようを著したもので、そこに登場するメフィストフェレスは先ほどから言っている物神そのものである。別名アーリマンとも呼ばれている。それにルシファーが加わる。実体を伴わぬ博識な人物の魂はルシファーによって仙人のような空間に引き込まれる。そこかしこにあふれているオカルト的書物、団体などはこの両方の魔手によって背後から操られている。最も熾烈な戦いの相手である。

加速度は増している。おれは常に自らに焦ることの危険を日々呪文のごとく唱えながら存在している。ゆえにまだまだおれは魂の遠近法を手放すわけにはいかぬ。

*

私は三十五歳の誕生日に銀座七丁目（東京都中央区）に「ケルビーム」という画廊を開設した。十五坪ほどの大きさであった。

私にとって一人ひとりを相手にするのも凄まじい苦痛であったのに、画廊という公の場を持つのは目も眩むようなことであった。私は拠点を持つことに対して死ぬ覚悟をした。私の性格は、何か事を成そうとするときには常に死ぬ覚悟を前提とする。私は日々名状し難い苦痛と使命感に襲われていたが、不屈の意志で自らを引きずっていた。

私の妻は「自分が死んだときにでも画廊を経営していれば生活には困らぬであろう」と思ったのである。確かに自宅に昼夜問わず学生達が入り浸る状態を考えれば、公の場があったほうが良い。画廊の資金は全て妻が出した。この後も妻の経済的援助で助けられた。

画廊の内装は大工の父と友人達で作った。

私の友人たちは私が画廊をやることに反対した。全くの素人で、金儲けにも興味がなく、生き方も頑固で厳しい考え方では自分が潰れるか、誰も借り手はいないであろうと。

私と画廊を一緒にやろうと言ったA君は私より十歳くらい年下であった。彼も理想家であった。哲学的問答には長《た》けていた。彼の理想は書物を通しての観念的理想であった。また、虚栄心も強かった。画廊を株式会社にしようと言い出した。私はそれに反対した。有限会社で充分であると。

A君の本性が徐々に露わになってきた。生ごみを捨てる時などいかにも汚いものでも触るように親指と人差し指で摘んで捨てていた。無論、トイレ掃除などしたことがない。当時、画廊に来ていたK大の十人ほどの学生達と趣味的な会話に興じていた。学生達はそれなりに理想を抱いていた。だが、世間の荒波に揉まれていたわけではない。若者特有のはしか、或いは情欲の変形のようなものである。

A君曰く「ビートルズのような音楽を聴きながら楽しく活動することも良いのではないか」と。私は他に人物がいなかったので彼を選んだのだが、現実的には私のような覚悟はなかった。単なる観念的理想では生々しい現実に生きている人物の魂に触れることはできぬ。やがて、彼は半年で自ら辞めた。

画廊開設当初は、ビルの二階のせいもあり、見に来る人は一日に二、三人である。私はこれぞという人物を見たらお茶を出して話しかけた。蜘蛛が獲物を捉えるように待ち、会話を執拗に引き延ばし、人間の生存の問い、意味や意義を考えるように巧妙に仕掛けていった。私に捕まった相手はさすがに五時間ほど経つと帰るチャンスを見つけてはそそくさと帰っていった。そして二度と来なかった。それでも二十人に一人くらいは再び来廊した。

＊

画廊の営業は十二時から十九時までにした。夏と冬の一週間を除き無休であった。営業時間が終わってから様々なイベントを開催した。帰宅はいつも終電である。

三年くらい経つ頃には様々な人物が集まっていた。孤独感を裡に持つ常連達が三十人前後毎日出入りしていた。元学生運動家、歌手、ミュージシャン、舞踏家、詩人、フラメンコ、演劇関係等々。ほとんどが社会に適応しにくいアウトサイダー的存在であった。他には、何とかより良い社会に変えたいという理想を持つ者や、孤独に耐えられぬ魂の所有者のための人生相談を行う者など。私は人を集めるには口コミしかないと確信していた。時間はかかったが人が人を呼んだ。

私は相手の能力や資質に応じて接していた。何も表現していない人物には何でも良いから自己表現するように勧めた。私も自ら朗読のライブを始めた。アルチュール・ランボーの『地獄の季節』（小林秀雄訳、岩波書店 1970）をはじめ、エドガー・アラン・ポー、宮沢賢治、自作詩等。

連日のように激しい論戦が続いた。特に火花を散らすのは元学生運動をやっていた人物や思想、哲学を齧《かじ》っている人物である。他にも自称霊能者、心理セラピスト、宗教家等である。

私はあらゆる宗教、人種、性別等、分野を問わずを前提に活動した。相手が誰であれ真剣に対話する。だが、一対一の場合はまだ折り合うべきところがあり何とか繋がることもできたが、三人以上となると事は複雑になった。其々の言葉の解釈に差異が生じるからである。

「プロメテウスの会」と称して、画廊の営業が終わってから定期的に対話の場を設けた。常に十数人は集まった。これもまた議題の内容が深まるにつれて常に殺気立ち緊迫する状況となった。時には終電がなくなり画廊で寝てから出勤していた。

私は理想の実現を抱き、あらゆる人物に相対していた。だが、直接的な物言いはできなかった。真剣に生存の意味を問う少数の者にだけ語っていた。

「我々には、いかなる状況や環境にあれども、その環境や状況を変え得るものが備わっている。時空を超えて魂を普遍的高みへと至らしめる意志の萌芽が誰にでも宿っている。その萌芽を育成するのは我々個々人の課題である。我々人類に託された普遍的自我へと至る道筋は各自に応じて違うとはいえ、確実に各個人に委ねられている。

時代に応じた課題は我々に与えられた超克すべき様相を帯びる。今日の時代は相対的世界観、虚無的世界観があらゆる物事を公正に観るべく一視点として個々人に浸透し始めている。この意味を洞察する者は自分の生きている環境や状況の意味を自覚するであろう。

世界の各民族、種族にもこれはあてはまる。ただ、環境状況に翻弄される限りにおいて、その本質が観えないだけである。

我々は様々な環境や状況により生かされるが、それを生かすのも我々自身の問題でもある。我々の課題はあらゆるものをより高次の意味で深化変容させるという問いの前に怯まぬ強靭な意志が宿っているという自覚のみが最も重要であり、これ以外に大事なものなどない。

また、これは通常の宗教や信仰ではない。各自がおのれ自身の魂の奥底にて問うことで自ずと分かるものである。古今よりあらゆる可視不可視も含めてその叡智は残されているし、我々の魂にもしかと刻印されているのである。

この魂の精髄である精神の萌芽、火種を魂の隅々まで浸透させ、普遍性にまで至ることが人間本来の意志であることを知るために、我々はあらゆる試練を日々味わっている。この意志には神性が息づき宿っている。これを確信、体得するまで魂の試練は各自に応じて絶えることはない。日々各自が深く、真摯におのれ自身に問う問いでもある。

拙《つたな》き譬えだが、泥中より養分を得て水中から一気に咲く蓮の花に似ている。泥中にいるときにはそれが理解し難いだけである。

私が用いる魂の遠近法は感覚界、自然界の遠近法から得たものであるが、魂の時間は自然界の時間とは全く異質である。

当然ながら各自相対的な時間の感覚を所有しているし、混ざり合って、絡み合い、さらには瞬時に変化する。魂の遠近法とはそのときの魂の状態や変化に即して対処する即興的な方法である。

この方法は自身の全感覚と純粋思考が要求される。無論、日常において血肉化されるまで心身は名状しがたい痛みを味わう。その経過を経て徐々に身についてくる。ただ、こればかりは徐々にタフになることはあっても、慣れることはない。

創造精神と即興精神が連動しつつ日常化されていくのだが、これは各個人が感受し、体得するしかない。


「魂の遠近法」は未だ未知の概念である。「魂の遠近法」は私が命名したものであるが、この方法を用いている人物は未だ皆無に等しい。徹底した個人主義の果てに自らを解体することが前提だからである。換言すれば魂の「間合い」とも言えるが、空気の流れにも似た心魂の流れを感覚的知覚として感受し得る感受性を体得していなければならぬ。


今日の個人主義・個人の自我は未だ幼児期状態にすぎぬ。ゆえに自然界の法則に即した原理を基点とした心理状態しか理解できぬ。

これに耐え得るには、純化された魂と強固な意志、透徹した思考を必要とする。

さらには心身のバランスを保持する厳しさは想像を絶する。この意識状態に至った魂の存在にはよく分かると思う。すでに以心伝心であるならば説明を要しない。

無論、このような意識状態は人類進化の過程で誰でも通過する通過点ではあるのだが、まだ今日の様相では今後の個人の課題と思われる。

やがて時期が来れば、私が書いているこの内容を理解する人物が出現するであろう。これは魂から魂へと時空を超えて受け継がれるものだからである。

＊

生存の問い、意味・意義を探求し見出せず苦悩している人物の周囲には、似た友人が一人や二人はいる。

私と最初に相対した時に激しい論議をして、打ち解けると同じような悩みを抱えている友人を誘ってくる。この地道な繰り返しで人が人を呼ぶ。さらには、友人が気にはなっていても自分では手が負えぬ人物がいたら紹介するか、その人物の所在を私に教えた。

しかし、相手によっては議論が交わることなく平行線の状態で感情的になり決別という人物が多数であった。

誰でも例外なく自分の体験、経験に即して身に付けたものを大事にする。その相手の身に付けた足場を崩されれば怒りの感情が出るのは当然である。一つの概念、言葉の解釈は人それぞれに微妙に違う。その言葉を徹底的に緻密に考察すれば片方の足場は消失する。生死に関わるような事件がない限り、自分自身が用いる言葉を徹底的に考察、検証している人物は稀有である。通常の生活では厳密な言葉はなくとも生活はできる。他者の言葉や書物から得た借り物で充分である。おのれの内面に深く内省、考察するゆとりがないと言えばそれまでであるが、大抵は環境や状況の中で自分に合った思想や哲学に自らを重ねている。

例をあげればきりがないが、反論、異論の内容は自分が他者と議論して返答に窮した内容が主である。特に自分の目指した理想が現実の中で挫折した人物ほど質が悪い。

或る人物は私にこんな設問を投げかけた。「川で溺れていた子供がいたとする。一人は自分の子で、もう一人は他人の子だ。さあ、君はどちらを助けるかね」と。私は「先に助けられるほうから助ける」と答えた。すると相手は皮肉を込めて、「ふん、それは奇麗事の科白《せりふ》だよ。誰でも自分の身内が可愛いのだ」と言い放った。

所詮、自分は他人にはなれないし、他人の生き方を変えようとは傲慢な考え方であり主観的な思い込みにすぎぬ、という類《たぐい》の人物が入れ替わり立ち替わり来た。

ましてや、高次の自我なるものは幻想、空想妄想にすぎないと言う人物とは激しく火花を散らした。「生成死滅がこの世の原理である。後は無だ」という実体なき無常観、唯物論に基点を置く人物が大半であった。

私の毎日はあらゆる想念、思念情念の嵐の中にあった。いつも終電である。私は自宅に着く前に頭を整理するために、朝方まで開店している店に寄ってから午前三時過ぎ頃に帰宅した。妻は歯科医師で、職場も遠く朝が早かったので、私が帰宅して一時間もすれば出勤であった。このすれ違いは画廊を閉じるまで続いた。妻も土曜と作品を入れ替える日曜日には欠かさず来たし、平日でもライブ開催日の時や来られる日は来た。さらには妻も個展を毎年開催していた。私の人間関係の緊迫した日々の活動に疲れる暇もなかった。

私は自分の手に負えぬからと、友人から紹介された人物を自宅に一週間くらい泊めた。彼は相手に応じて豹変し、相手が凶暴であればそれを上回る凶暴さになった。酒の席で相手の喉に噛みついたらしい。私は自分の兄弟を通して心身のバランス保持が難しいことを知悉《ちしつ》していたので、相手の状態を観つつ処する対応が可能であった。

過敏な感受性の所有者は、社会や他者への対応が難しいと、誰でも心身のバランスを保つことが危うくなる。不安から恐怖へと、さらに進むとその感情が裡に籠るか外に噴出するかである。彼は私の自宅で過ごしたせいで、かなりバランスが良くなった。

常連のT君がかなり気になっているが、自分では何もできない、という人物がいた。

詩人達の開催する朗読ライブに行っては「こんなくだらぬ朗読でよく金が取れるな」と見境なく喧嘩する詩人のK氏である。彼は自分でも「＊＊書房」を持ち、詩語りライブもやっていた。私が彼と会った時に感じたのは噂と違い繊細な魂の所有者であった。私は、私の画廊で定期的にライブを開催したらどうですか、と言った。彼は当初私の目を真っ直ぐ見ようとはしなかったが、私の申し出に無邪気な笑みで「私は嫌われてライブの場が無いので助かります」と応じた。

フリージャズの草分け的存在の吉沢元治氏が、全身黒づくめで長髪のサングラスをかけた人物と歌手の三上寛氏と三人でライブをした。

黒づくめで痩身の人物は灰野敬二氏というロック界ではカリスマ的存在であると後で分かった。彼にも彼自身が音楽で表現しているものの内容が全く人々に理解されぬという孤独感が漂っていた。彼に「よければ私の画廊を使っても良いですよ」と言った。一週間後、彼はソロライブに使わせて下さいと言ってきた。後日彼にも絵を描くことを勧めた。

彼は一回のライブをしたら三ヶ月はできないと言っていた。確かに緊張感のある音を出していた。

歌手である三上寛氏も私の画廊でコンサートライブを開催した。私は彼に絵を描くことを勧めて個展をした。その個展会場に三上寛氏の友人である友川カズキ氏が現れた。私は友人から彼の噂を聞いていた。気になる人物がいるが自分では恐くて近づけない、と。私は彼を見て、繊細で鋭敏な感受性と知性を感じた。

友川カズキ氏は歌手で、私の画廊で企画個展とコンサートライブを定期的に開催した。

加藤直次郎氏との出会いは運命的なものであった。当時二十六歳の彼はフラメンコのカンテとして大舞台を数多く踏み、日本人離れした声をしていた。私が彼と最初に会った時に「待っていたよ、来るのが遅かったな」と言うと、彼は「遅くなりました」と答えた。彼も私と同じような想いで様々なジャンルの人物達とのライブをプロデュースしていた。音楽家や舞踏家等々、彼とは連携して様々なイベントを開催した。

知人に紹介されて行った谷中にある「ふるふる」という店のオーナーは著

名な画家の長女であった。私は彼女とすぐに意気投合した。彼女も画家であり詩人でもあった。私の個展を「ふるふる」で開催することになった。それ以降、姉妹店のようになり、ライブイベントを定期的に開催した。私の画廊はライブ時に入る客は三十人前後であったが、「ふるふる」は六十人くらい軽く入ったのである。

私は当時誰にも簡単にはできぬようなライブイベントを企画した。ミュージシャンの灰野敬二氏とサックス奏者のU氏、頭脳警察のドラマー石塚俊明氏、舞踏家等々。

私が「ふるふる」で個展をしている時に出会ったのがX氏であった。彼は学生浪人中であったが、私と出会ったことで彼の人生も大きく変わった。彼も様々な人物を紹介した。その一人に井上洋治神父がいた。井上洋治神父とも会った時から親しくなった。彼は文学者の遠藤周作氏と一緒にヨーロッパ渡航した人物であった。彼も私の作品の数少ないコレクターになった。彼と知り合った当初、私の家に一升瓶を下げてきた。その時は宗教的な会話というより人間存在の有り様と根本的問いの応答でかなり火花を散らすような話となった。私はかなりきつい物言いを多くしたので彼とはもうこれで終わりかと思ったが、それを機に二人の親交がより深まった。

＊

私の画廊に来る人物が増えるにつれて妬みや中傷も増えていった。ケルビーム教、梅崎教、オカルト集団等々。或る洋画団体の幹部は私の画廊に行ったら会から追い出すと言っていたと聞いた。他にも私を嫌う人物は多くいた。私から遠ざけるために様々な中傷的言動をあの手この手と用いていた。誰でも理念を日常化しようと思えば、あらゆる障害、妨害は付随する。誤解、無理解は大前提である。

当時に起きた様々な事件や出来事を詳細に書くことはできないが、或る時に衝撃的な事件が起きた。

私の画廊ではクロッキー会も開催していた。その時に裸婦モデルになっていた女性がいた。彼女は画家でまだ二十八歳くらいであった。結婚していて、夫も画家であった。クロッキー会にその夫も来ていた。クロッキー会展を開催した時に、彼女の描く絵に私は生命力の弱さを感じた。彼女は浅黒く誰が見ても健康そうに見えた。私は出会った頃から彼女の目の奥に何とも言えぬ暗さを感じていた。私は彼女が来たら積極的に接するようにと友人達に言っていた。

彼女が画廊に来なくなって半年ほど経ち、私が彼女を知っている友人に、「彼女は今どうしているの？」と尋ねると、「あれ、知らなかったんですか？彼女は自宅の庭で焼身自殺したんですよ」と教えてくれた。その時の私は、何とも形容し難い想いであった。

私は開催する様々なライブイベントを残すためにビデオカメラの必要性を感じた。そこで或るコンクール展に応募して三十万円の賞金を得た。だが、三脚や他の部品を買ったら赤字になった。撮ったビデオは数百本になる。

私は四十歳を目前にしてかなり焦りが出ていた。画廊の経営は家賃と人件費くらいは何とか保持できたのだが、年齢や男女を問わず意識状態の違う人物達の派閥のようなものが顕著になってきた。私は元来仲間意識や派閥などの関係など望んではいない。むしろ何も境界のない創造的人間関係を形成しようとしてきた。孤独な人物が十人も集まれば気の合う人物や価値観と思想が似た人物同士は自然とグループを作る。人数が増えればそのグループは増す。これは私の理想と全く違う人間関係である。私の内部に苛立ちとも憤怒とも言い難い感情が強くなってきた。

危機感が燃え上がっていた。自分一人でもこの場を守るという決意が私の核となった。この時期に私の元を去る人物やグループが増えた。

私は八九年の夏に『梅崎幸吉作品集』（ギャラリーケルビーム、1990）を出版し、その年の暮れに7日くらいで一気に『小林秀雄論』の第一部を書いた。当時パソコンはなく全て手書きであった。

一部を書いたのは肺結核にかかる前だったが、二部は結核後であった。

私の友人の知り合いに出版社を経営している人物がいた。私が書いた内容では通常の出版社では難しいと思い、友人に紹介してもらって、そこから自費出版で『小林秀雄論』（ＪＣＡ出版、１９９２）を出した。

四十歳の秋ごろである。私は四十度の熱に襲われていた。それでも私は朗読のライブは続けていた。この時は「自分はいつ死んでもよい」という心的状態であった。だが、さすがに四十度の熱が十日も続くと妻が病院へ行くことを強く勧めた。

私は肺結核にかかっていたのである。十月に国立中野病院に入院したが、「この大事な時期に何ということだ！」と自らに対し、激しい怒りが渦巻いていた。

時を同じくして父親が肝硬変で入院した。翌年の一月に湾岸戦争が勃発した。夜空に閃光が走っているのを病院のテレビで見た。さらには義母が乳癌末期で入院した。正月の外泊許可が下りた時に義母を見舞いに行った。私は義母の目を観た時に、あと一週間くらいで死ぬと思った。義母の目に妙な透明感を感じたのである。予感は的中し、九日の午前四時ごろ病院に義母の死の連絡が来た。私は前もって看護師に、義母は長くないので外出許可証を用意しておいてくださいと頼んでいた。

私を見舞いに来る人物の大半は人生相談となった。私は一見画廊にいる時と大して変わらなく見えたのである。だが、冬場の寒い時に外で夕方まで相手をしていると、さすがに寒さと疲労がくる。しかも、会いに来た人物達から、現実生活のあらゆる想念・情念が渦巻き放たれていた。

私は四ヶ月ほど入院していたが、入院中に親しくなったのはアウトサイダー的人物達であった。

さすがに病院での療養生活で私の体力はかなり落ちていた。現実の生々しい生活と、それらから守られている病院とでは環境が全く違うことを痛感した。私は自分の無力と、いかに創造的人間関係というものを形成することが難しいかをさらに思い知った。それと私の自分勝手な理想という名の下に妻を巻き込むことに躊躇を感じていた。兄弟のように親しくなった人物達がある日突然敵対するような関係になった。この繰り返しが妻に与えた心魂の痛みは計り知れないものがあった。さらに私が入院している間に画廊の借り手は一人もいなかった。私が常に中心で活動しなければ新しい人物達は来ない。やむを得ぬといえばそれまでだが、私は当分無理ができぬし、銀座は家賃が高すぎた。画廊の維持費だけでも月に最低六十万はかかる。

思案の結果画廊を閉じようと決意した。

退院後、皆を集めて「画廊を閉じたい」と言った。私の突然の発言に賛否両論が巻き起こり、吹きすさぶ嵐の中にいるようであった。私の伝えたいことが皆には判然としないようであった。確かに、皆にしてみれば私の身勝手な結論にすぎぬことである。

何回かの話し合いでも結論が出ないと分かると、私は或る提案をした。

「私は基本的には画廊を閉じようと思っている。しかし、一年以内に個展を開催するという条件で皆が一万円を毎月銀行に振り込むこと、そして私の提案に最低四十人が参加すれば再開してもいい。もし再開しても週に二日の休みが欲しい」と。

私は私の健康の状況と画廊の事情とを書いた手紙を六十人くらいに出した。手紙を書くのにかなり躊躇と苦痛を感じた。しかし、その結果、四十七人の賛同者を得た。

私は再び画廊の中心的存在となった。当初は疲労困憊する日々であった。

それから、私の人物に対応する処し方が変わった。相手に深く踏み込むことをかなり緩めたのである。

私は自分の手のひらから強い気の流れが出るのを知っていた。人には理屈よりも手っ取り早い方法である。個人の意識状態に準じて気の流れの強弱がある。これは一般でも古くから行われていることで、痛みがある場所に手を当てる。私は心身が病み弱っている人物に手当てという方法を用い始めたのである。打撲などの痛みやストレスからの身体的痛みなどは一時間も手を当てれば治まった。私のこの方法は人から人に伝わり、様々な人物が訪ねてきた。時には相手の自宅まで行って手当てを行った。中には気の療法で弟子が数百人もいるという人物もやってきた。横浜にいる末期癌の患者の依頼で上京したという。私の友人の紹介で私に会いに来たのである。

その人物は癌の人物を施術してすこぶる疲労したといって私の画廊に来た。私はまともに一時間以上やれば、二時間くらい寝ないと疲労が抜けぬことを知っていた。私は疲労した人物に手を当てた。三十分もせぬうちに眠りに落ちた。そして目が覚めると元気になった。その人は私に一応感謝の意は伝えたが、二度と来ることはなかった。紹介してくれた友人にも何も話さなかったらしい。

相手の気の流れが私の中に流れ込み、私の流れと融合して気の流れが滞っている場所に痛みが走る。これには相手の魂の状態も含んでいる。私の気の流れに中和される事で相手の治癒能力が強くなる。ただ、これはかなりの集中とエネルギーを必要とするため、一日に二人が限界であった。単なる人間関係のストレスであれば会話だけで元気になる。

私は千人くらいの様々な症状の人物に手当て療法を行った。画廊の事務所は施療院のようになった。しかし、全て無料でやったために逆に怖れられた。よく言う「タダほど恐いものはない」という不安である。さらに、依存するような人物には説教めいた話をした。

様々なライブイベントは相変わらず続けていた。そのせいか画廊というよりライブ会場のように見られていて「会場には何席ぐらいありますか？」という予約問い合わせの電話が増えた。

六、

私の人生の中で最も大きな人物と出会うことになる。

一九九三年の暮れに友川カズキ氏と作家の立松和平氏が共同制作した『青空』（青弓社、１９９２）という絵本の出版記念パーティがあった。会場は新宿の中華大飯店で五百人以上が来場していた。そのパーティ最後の一本締めに指名されて壇上に上がった人物からは只ならぬ静けさが漂っていた。

私は三上寛氏に檀上に上がった人物を紹介してくれと言った。彼は「あの男は右翼某氏の十倍の毒をもっているぞ」と言いながらも壇上に立った人物を紹介してくれた。お互いに名刺交換をした。

私はその人物の噂を聞いたことはあったが、彼がその政治活動家阿部勉氏であった。

私は連日彼にぜひ会いたいと電話した。当初は多忙で会えないと断られていた。しかし、彼はさすがに根負けしたのか会う約束をしてくれた。目白にある秋田料理の店である。当時私は豊島区目白に住んでいた。約束の三十分後、彼は自称舎弟と称する人物を連れてきた。店ではほとんど無言に近い状態で一時間ほどいた。彼は酒しか飲まなかった。私に秋田名物のきりたんぽを勧めた。舎弟と称する人物は口数が多かった。

阿部氏は「場所を変えましょう」と言った。通りに出てタクシーを拾い向かったのは彼の住居であった。私の目白の自宅から近い中井という所で、モルタル造りのアパートの二階で六畳と四畳半の台所の間取りであった。

私が下戸であると告げると彼は冷蔵庫から好きなものを取って下さいと言った。私は乳酸菌飲料で彼と近づきの杯を交わした。このことはすぐに知れ渡ったらしい。「あの阿部と乳酸菌飲料で乾杯した男がいるらしい」と。彼は私と会いたくない理由があった。朝日新聞社内で拳銃自殺した野村秋介氏の事件後だったからである。

私が画廊にいる時に阿部氏から「梅崎さん、超特急で」と電話がよくかかってきた。彼は私に様々な人物を紹介した。紹介と言っても、お互いのやりとりを見るのである。裏表社会、文化人、各新聞記者など、深夜でも全国から阿部氏に会いに来ていた。彼は初対面の相手には酒をとことん飲ませる。ほとんどの人物は酩酊すると本音を吐きだす。

私は阿部氏が酒乱で暴れるという噂を聞いていた。だが、それには彼を怒らせる理由があったからだ。私がいる時に彼が理不尽なことを言ったり、暴れたことなど一度もなかった。彼には常に公安が張り付いていた。彼は故三島由紀夫氏の楯の会の一期生であった。

親しい友人を阿部氏に紹介して新宿のゴールデン街に行ったことがある。翌日に公安の人物が友人の職場に訪ねてきて言ったそうである。「貴方と阿部さんとはどういう関係ですか？」と。その友人が私に電話してきて、自分が何か悪い事でもしたのかと思ったそうである。「公安の人が来て私との関係を聞いていったけど、あの人は一体何者なの？」と聞いたが、私は「私の最も信頼している友人ですよ」とだけ答えた。

私は画廊と阿部氏の自宅を毎日のように往来していた。阿部氏の周囲には「その一言が命取り」という緊張感が常にあり、私にとっては非常に呼吸のしやすい空間であった。阿部氏と交流していた人物達の実名を挙げて詳細に書くことはできない。

画廊という場での「創造的人間関係」は、もう限界であると感じていた。表面上では会話はしても、似た価値観、想いを共有する各グループに分かれていた。無論、頑固で意志力の強い数人の人物はどこにも属しない。さらに私が阿部氏と親しくなったことで距離を置き始め、全く近付かぬ人物が増えていった。

私は阿部氏と出会う前に、友川カズキ氏と三上寛氏を中心としたコンサートを日本青年館大ホールで開催しようと決意していた。恐らく誰も実現不可能のメンバーを揃えていた。これを私の画廊最後の打ち上げ花火にしようと思ったのだが、ど素人の私の企画に大半は反対した。しかし、私は周囲の反対を強引に押し切った。

私が阿部氏に私の企画しているイベントのことを話すと、彼は「私もサブでいいから参加させてほしい」と言った。

そこで、阿部氏も共同プロデューサーとして一緒にやりましょうということになった。

開催日時は1994年5月7日「日本青年館」である。
タイトルは『最初で最後。嗚呼、絶望のコンサート』(日本青年館・大ホール)
出演者：Guitar, Vocals 三上寛、友川カズキ　Drums, Percussion 石塚俊明
Bass 吉沢元治　Accordion, Piano 永畑雅人　Piano, Ocarina 明田川荘之
Tenor Saxophone 梅津和時　Producer 阿部勉、梅崎幸吉

本来はこの参加者には灰野敬二氏の名前も入っていた。私は一年前から出演依頼をして当人は承諾していたが、灰野氏のマネージャーが勝手にアメリカの演奏ツアーを優先したのである。

私と阿部氏は二人でコンサートの命名をした。私は「最初で最後」の言葉

で、阿部氏が「嗚呼、絶望のコンサート」と決めた。

このタイトルは三上寛氏によって『御縁』)（レーベルP.S.F.RECORDS・2011年1月21日）と変更されて、或るインディーズ系のレーベル会社からCDとビデオが発売された。その版権は知人でもあったオーナーのI氏に、阿部勉氏を記載するという条件付きで無料で譲渡した。


画廊（ケルビーム）は十年間存続した。しかし、一九九四年の夏に閉廊した。画廊を閉じてからは連日のように阿部氏の自宅に顔を出していた。タクシーだとワンメーターの距離である。夏などは妻と布団を敷き、彼を寝かせてから朝方に徒歩で白宅に帰宅することも何度もあった。

全国から様々な人が阿部氏を訪ねてくる。毎夜が酒宴であった。実名は公表できぬ人物がほとんどである。私は阿部氏から本の装丁となる絵を依頼された。これが最初の共同作業であった。私は快諾した。『維新は幻か―わが残夢猶迷録』（中村武彦著、いれぶん出版、1994）というタイトルである。著者はその世界では著名な人物であった。その出版記念パーティは某ホテルの二千人は軽く入る会場で行われた。来場者も各界の著名人達が多くいた。

阿部氏の自宅で一度だけ元「楯の会」の新年会もあった。

酒宴の席では緊迫した場面も幾度かはあった。一例だが、私と気の合うやくざの親分のT氏は真の任侠道を貫いていた。だが、彼は子分に弾丸を撃ち込まれて死んだ。おのれの信念を貫こうとすれば経済的には困窮する。これはいかなる分野でも同じである。

私は阿部氏の自宅で通常の生活では会わぬような様々な人物と出会った。

画廊を閉じて三年経て、私に阿部氏から提案が出された。

「梅崎さん、高田馬場に適当な広さの部屋がありますから一緒にやりませんか」と。

断る理由はなかった。妻も同意した。私は画廊、阿部氏は古書店と、同じ空間で活動の場として一九九七年の夏から開設した。「ギャラリーケルビーム」と「古書店・閑人舎」の看板を掲げた。

店舗はビルの一階で二十坪ほどあった。ここではさらに連日連夜酒宴が開かれた。私の画廊も、私の個展やグループ展などを開催した。

私と阿部氏には「どちらかが斃《たお》れたら閉じましょう」という約束があった。阿部氏が活動の拠点として公に場を持つことは誰もが予想もしなかったし、私も阿部氏以外とは公に活動の場を作るつもりはなかった。社会の裏方に徹して、真剣に生きようとしている人物達が活動できるような土台を作ろうというのが、お互いの暗黙の了解であった。

高田馬場の「場」には有名無名を問わず多種多様な人物達が出入りした。

或る女流文学者の受賞パーティがあった。私はその作家とは古い知人であった。私と阿部氏は世話人として名を連ねたが、阿部氏の名を連ねることを会場を貸す人物が怖れて外してくれと言った時に、彼を外せば私も参加しないと言った。企画した人物が、せめて客としてでも参加してくださいと懇願したので、二人は単なる客として参加した。その時の会場にいた人物に阿部氏の知人がいた。天野哲夫氏である。三島由紀夫氏が芥川賞の選考の際に落とされた作品の中から探し出して芥川賞となった『家畜人ヤプー』（都市出版社、1971）の著者、沼正三である。阿部氏はパーティ途中で天野氏を連れ出して、行きつけの店にいるから私達に後から来てください、と言って会場を去った。私は阿部氏の待っている店で天野氏を紹介された。天野氏は聡明で上品な人物であった。その後天野氏から『家畜人ヤプー』と自叙伝二冊を送ってきた。

だが、始めて二年後に阿部氏が癌に侵されていることが判明した。彼が病魔に侵されていることはすぐに広まったが、彼が死期間近で入院するまで私はその噂を徹底的に否定した。

だが噂を聞いて阿部氏のファンや彼を慕う人物達がここぞとばかりに増えた。私は来るもの拒まず、という阿部氏の言動を忸怩《じくじ》たる思いで見続けるしかなかった。

彼はその翌年の一九九九年十月十一日に享年五十四で他界した。私と阿部氏の共同活動の場は三年であったが、その濃密さは一生に匹敵するほどの時間であった。

彼の葬式には二千人以上の弔問客が来た。私は弔問客の選別係であった。

通夜当日は、彼にふさわしい凄まじい雷雨であった。

阿部勉氏の生涯を書いた著作は『最後の浪人 阿部勉伝』（山平重樹著、ジェイズ・恵文社、２００４）というタイトルで出版されたが、その書かれている内容は氷山の一角にすぎない。

私が阿部氏について書いた追悼文章である。


「黙せる詩人」


彼の実体を誰をも見抜けず、又それを意に介さず黙して逝った。

末期癌の激痛の中、死を目前にした三日間は両眼をかっと見開いていたという。

彼は寡黙であった。或いはその言動は他者には理解不能な誤解され得る印象を与えた。酒乱、冷酷等々、有情無情が混沌たる彼の衣装であった。

自ら修繕屋という立場を日常に実践した希有な歌わぬ詩人であった。

分野、意識のレベルを超えて酒を飲み、アルコール共同体と称して種種雑多なる人物達と交流を持ち、その人脈を継承維持し得る人物は皆無に等しい。

彼の跡を継ぐものは無私なる精神を蔵し、深々とした緻密なる心情と透徹した思考、及び不屈の意志を血肉化し、さらに真摯なる求道精神を要する。彼を慕う者はあまたあれども所詮自称ファンにすぎない。

彼の苦悩は彼自身ではなく他者の苦悩であるということを正確に表す言葉が見いだせぬ。「いかにかすべきわがこころ」に彼自身翻弄されていたと言っても何のことやら分かるまい。

百万の桜の下に酔い臥して恥濃きわれをおののき嗤ふ

数しれぬ過失は酒とともにありその酒抱きてけふも堕ちなん

彼の晩年の数少ない自虐的なこの二首の歌には名状し難き懊悩が秘められ

ている。

彼は多感な時期に三島由紀夫と出会い、そして自決という決別は他者の窺い知れぬ傷痕を、痛苦を刻印したであろう。

不撓不屈《ふとうふくつ》の意志を持ってしても、現代の相対化された不毛の対人関係を変革せしめることの困難さは筆舌に尽くし難い。この暗澹たる状況にどっぷりとおのが身を浸して生き抜いた、という意味では享年五十四は長生きともいえるであろう。

他者との比較等詮無きことであるにしても、想像を絶する軋み、苦渋の人生であった。


漆黒の闇の淵なる神楽舞その笛の音は虚無の使者かは

間近なる自己の死を見据えての一首である。

彼は自らに対し息絶えるまで自己表現を禁じ、おのれを素材として媒体として全てを供儀に捧げた、希有かつ真摯な恐るべき詩人であった。

一九九九年十一月十四日

私にとって阿部勉氏の死は、私自身の活動意欲を心中深く沈める事件であった。私は自分に残された時間を他者との関わりを極力減らし、自分一人で表現したほうがいいのではないかとの想いが強くなった。だが、私の心中を察してか、阿部氏と古くから親交のあった石塚俊明氏が「二人で定期的にライブでもしますか」と言った。彼がドラム・パーカッション、私は自作詩他の肉声で真剣勝負の即興ライブである。私は二人で開催するライブを「鬼神ライブ」と命名した。阿部氏が癌末期で一ヶ月は持たぬであろう時にアルチュール・ランボーの『地獄の季節』（小林秀雄訳）の朗読ライブを石塚俊明氏と開催したのも理由の一つであった。巷で行われているものは癒し系か自己満足的ライブがほとんどである。私と石塚氏のライブは見聞きする客にとっては魂を震撼させる脅し系に属する。後に狩俣道夫氏が加わった。狩俣氏はフルートとソプラノサックスである。狩俣氏も魂の奥に私と同じ思いを蔵しつつ活動する、天才的な即興精神を所有する人物であった。「鬼神ライブ」と並行して人間の基本中の基本である哲学的考察の勉強会も始めた。まだ私の周囲には自己探求の意欲がある人物が十人前後はいたからである。私はテキストとして『シュタイナー選集 第8巻 自由の哲学』（ルドルフ・シュタイナー著・高橋巖訳、イザラ書房、1987）を選んだ。この著作は透徹した純粋概念思考で書かれている。今日、既存の哲学者は敬遠、無視する著作である。私が教えようとする人物達は哲学的思考には極めて不慣れで、イロハのイから始まった。最初の頃は週一回ではあったが、長い時には十二時間にも及んだ。この勉強会も人物の入れ替わりがあり、対面での勉強会は十七年間が限度であった。以後はネット上にて存続している。

私は最初に勉強会に参加する人物達に左記の文章を配布した。

「表現の本質と人間存在の本質について」

我々は人間存在として生存していく以上この問いから逃れることはできな

い。否、逃れようにも逃れられないのである。

仮に我々に思考というものが備わっていなければこの問い自体が成立しない。

ただ単に動物以上でも以下でもない、というにすぎない。無論この考察、認識自体も生じ得ない。

もし我々に思考という道具が備わっていなければ自己認識、つまり私・自我意識は生じえないからである。くどいようだが自我意識が無ければ世界そのものの認識への問い、自覚は生じないのである。

この考察は、私が前から何度も繰り返して言い続けている内容である。自明の事だが、私という自覚が無ければ世界も他者も認識の対象たり得ない。我々の用いている思考とは単なる個人の所有物でもない。我々人間に本来備わり世界認識に用いている普遍的な「思考存在・実体」でもある。この思考そのものの考察がすこぶる重要な問題にもかかわらず、今日の時代に至っても考察の対象にされていないというのが実情なのである。

我々はいかなる時にでも思考を用いている。思考の結果、我々は様々な、或いは各個々人に相応しい言動に及ぶ。

この「思考」に関する考察は皆が共通に用いている思考を最前提にせぬ限りは限りなく紛糾する。思考そのもの、思考の実体を物のごとく指し示すことは出来ないからである。この考察自体が其々各自の主観に基づくものとして簡単に処理されてしまう。此処に紛糾の問題が含まれているのだが、思考そのものは感覚界で、あらゆる事物を知覚するようには知覚できない、という単純な理由による。

万人が共通に認識し得るような数量化不可であるという、これまた単純な根拠に依る思考法がほとんどの魂を呪縛しているからである。これを物神思想とも言う。この物神思想とは唯物論的世界観を基盤とした悟性的思考の世界認識なのである。この呪縛を打破するのは容易ではない。

私が死ねば知覚する「主体」である「私」は消え去る。私が消え去るとすれば「知覚する私」が存在しない以上は世界を知覚することは不可能である。故に「私が消滅すれば世界も消滅する」という彼の有名な唯物論的基盤に立脚した観念的世界観が生じる。この世界観は今日でも衣装、概念は違えどもほとんどの哲学者と称する存在達の魂に根深く巣食っている。この世界観がすでに日常的に、習慣的に用いられている。

これは日常生活を営む人々だけではなく芸術表現する存在達の魂をも深く浸食しているのである。近代から現代に至るまでに個々人を襲った受難劇とも言える悲劇は今や意匠となって芸術を蹂躙していると言っても過言でない。

抽象表現形式が生じた要因は必然的なものである。これは思考の考察にも似た困難な問題を含んでいる。

簡単に言えば、無知の知や不立文字、相対的意識、虚無、空等々の概念、意識状態と同質の意識状態、或いは自己認識の個人の限界の自覚であるが、これは到着点ではなく此処の地点が真のスタート地点である、と言えば大抵の人物の思考は混乱する。単に事物を公平、純粋に偏見なく観る一視点にすぎぬ、と断定すれば反感さえ抱かれるであろう。

さらに換言して言えば「我々はやっと自己認識の真のスタート地点に立ったのだ」と。この物言いは「おまえは何様のつもりだ、偉そうに」と、傲岸不遜極まりないと見做される。

近代以降、あらゆる境界は消失した。この消失には個人の魂に倫理的な課題を自らが背負わなければならぬ、という自己責任と自覚が伴う。

この自覚は個々人の趣味趣向や個人的興味なども完全に消滅することを意味する。この個人の受難劇はあらゆる表現形式に及んでいる。この重責に耐えきれずにほとんどの先駆的表現者は斃れた。この難破、方向を見失い自滅した魂の「表現者達の作品」を一瞥すれば分かることである。この難破した状態は依然として打破されずに百花繚乱の様相を呈している。

この状況を打破するためには真の意味での健全で透徹した思考を練磨し血肉化するしかない。

七、

「鬼神ライブ」を始めて六年経つ頃に、私の同志とも言うべき加藤直次郎氏が急性胸部大動脈解離という病気で死んだ。二〇〇八年、享年四十八であった。

その時期に私の両眼は網膜剥離になっていた。前年には父が他界していた。享年八十である。

私は不本意ながらも「鬼神ライブ」を中断することになった。以後はただ一度だけ狩俣道夫氏と短い即興ライブをした。

＊

「直感の意識化、日常化」（日記より）

自分自身の足場を支えていた世界観の基盤が完全に崩壊すると世界そのものの様相が未知なる世界へと一変する。

通常の正気と狂気の区別、或いは自他との意識の境界すら消滅してしまうのである。このような意識状態で、通常の実生活の中でおのれ自身を保持するのは容易ではない。個人の自我が耐え難い極限状況に長時間置かれれば誰にでも起き得ることである。その底なしのような恐怖に対し、自我は生物的本能ともいえる自己保存本能により辛うじてバランスを保っているにすぎない。

人類の歩みは常に試練の連続である。個々人の自覚の差異こそあれ、この試練から逃れることはできない。また、試練自体、他者との比較は意味をなさぬ。

純粋に生物存在の観点から観れば、ここには試練という概念は存しない。人間存在に生じる快不快、善悪は、人間世界のみにしか通用しない。ただ、我々の備えている思考、叡智を徹底して練磨せぬ限りは単なる自然界の贅肉にすぎないだろう。このように言えば身も蓋もないと思われるが、今日の人類の諸行為、現象はいかんともし難いほどに暗澹たる様相を呈している。

我々の魂に稲妻のごとき光芒を放つ直感は、常に未知の世界から来る。感覚的肉体に依拠した既知のものに呪縛されている魂は、真の直感の何たるかを知ることはない。ここに未知なるもの、異質の次元に対する恐怖や不安が生じる。ゆえに常に古今を問わず、道なき未知へと歩む存在は異形者たらざるを得ない。

近代から一気に加速した個人の受難は、個々人の能力や資質に応じて今後も続く。

個々人の直感の意識化、日常化こそがこの試練を克服していく。だが、猛威を振るう唯物論に依拠した魂は、衣食住のみの生物的生に呪縛されて、生成死滅する原理を打破することはできぬであろう。これをやむなしとすれば今後もさらなる試練が各自の自覚に準じて果てしなく襲い来る。

私は二〇一三年二月十五日に喀血した。最初は妻には黙っていたが、量が増えると嫌でもばれてしまう。阿部氏と場を構えていた時にも喀血した。だが、その時は止血剤で止まった。

今回はレントゲン所見で、結核が治癒した部位の右肺上葉部に鶉《うずら》の卵大の小さな病巣が判明した。病名は肺アスペルギルス症である。私は五月に個展を開催するので、手術は六月にすることにした。

六月十一日に入院、十三日に手術。手術室入室から退出まで十二時間近く、出血は一リットルほどで輸血の有無ぎりぎりだったらしい。

私は未だ自分が死ねないことを知った。

最後に私が嘗《かつ》て書いた拙き感想文で終わりにする。

個人の魂が底なしの絶望を味わって自滅せずに生きられるか？かかる問い自体が、「それは実際にその状況にならなければ分からぬ」との返答が当然と思われる。では、その底なしの絶望から希望や光を見出した魂も存在する、と言えばどうであろうか。

「そんなことは信じ難い、仮にそのような人物がいるとしても、その人物の思い込み、主観的体験にすぎぬであろう」と、大半の人々は思うであろう。人々の懐疑は尤もである。大体底なしという概念自体が疑わしく感じられるからである。底なしの基準などどこにあり、誰が規定するのか?と。また、絶望自体も個々人の主観であり、さらに言えば希望や絶望という概念自体も我々人間が作り上げた単なる言葉という記号にすぎぬ、と。我々人間があらゆる対象を区別するために言葉という記号を対象に与えた、可視、不可視の対象全てに、と。

この観点は唯物論的観点に依拠した考察である。この観点は常に「死」がゴールになっている。ここから生じる心理学や哲学的考察は自然科学的明証を必要とする。そして、この観点からの考察は、我々の魂に一切の希望を抱かすことはできぬ。死ねば終わりという考察から導き出されるのは動物的、刹那的虚無的言動である。物質界に依拠する観点からは我々人間の抱く理想など幻想、妄想の類でしかないのである。夢見る幼き無知なる魂の所有者と見なされる。

「酔生夢死《すいせいむし》」とは、疲弊した人物から吐き出された言葉の洒落にすぎぬ。「人生とは所詮夢であり、夢の中で夢見る人も愚者である。それを悟った者のみが真の覚者であり、ただ在るがままに在る、それに全てを委ね任せることこそが生きるということ、真の生き方である。生の意味などを問うこともなく何物にも囚われず淡々と自然に生きることが覚者の生き方である」

このような人物には方向性も生じず、単なる生物と何ら変わらない。しかし、さらに彼らは言うであろう。

「我々が真理を知ろうと真剣に考えても無駄である。結局、一切は生成死滅する。自然界は無常なるものである。そこに至る者もあれば至らぬ者もいる。

ゆえに生あるうちに楽しみ、苦しむも良し、時を経れば嫌でも滅するからである」

このような魂、意識状態に留まる者は「底なしの絶望」を体験し得ないし、漆黒の闇の状態に耐えられぬであろう。

真の自己認識には限界はない。「底なしの絶望」の渦中に光明を見出す。これは個人の魂が震撼しつつ魂の裡で内的実体験を伴い初めて知る事柄である。

私は自分自身に課した役割を肉体が朽ちるまで、遅々とした歩みでも歩まねばならぬ。

あとがき

私の自叙伝出版に際し様々なご助言、ご協力を頂いた幻冬舎ルネッサンス局の企画編集部の方々、及び編集部の方々にこの場を借りて深く感謝いたします。

人生の中で誰でも自分はなぜ人間として存在しているか？　その存在理由や意味、意義、或いは何をすべきか？などの疑問が個々人の差こそあれ生じる。私自身がそうであったように、この根源的問いは程度の差こそあれ、過酷な魂の試練が襲ってきたときに強く生じる。

我々にはいかなる状況や環境にあれども、その環境状況を変え得るものが備わっている。時空を超えて個人の魂を普遍的高みへと至らしめる神性、仏性の萌芽が誰にでも宿っている。その萌芽を育成するのは我々人間、個々人の課題である。

我々人類に託された普遍的自我へと至る道筋は各自に応じて違うとはいえ、確実に各個人に委ねられている。

今日の時代は相対的世界観が個々人の魂に猛威を振るい浸透し始めている。相対的世界観は同時に生きる方向性・意志を喪失した虚無的世界観と化す。この虚無的世界観に呪縛された魂は低次の動物的・刹那的衝動の言動になりやすい。

これは世界の各国家、民族、種族にもあてはまる。現状ではこの状況を打破するのは容易ではない。

だが、時期が来れば、この自叙伝の意図を理解・把握し受け継ぐ人物が出現するであろう。これは人類進化のために魂から魂へと時空を超えて受け継がれるものだからである。そのような歩みをする人物の一助、参考、里程標となるべく私自身が実生活で体験してきた魂の変容と活動のプロセスを残すことにした。

最後に私の活動を心身ともに長年支えてきた妻に深く感謝している。

本作品には実際の施設名、団体名、企業名等が出てきますがあくまでも著者自身の体験に基づくものであり本作品との直接の関係はありません。

〈著者紹介〉
梅崎幸吉（うめざき こうきち）

1950年生まれ　画家、詩人。14歳の時に画家になると決意。中学卒業後、肉体労働をしながら独学で絵画を学ぶ。26歳時、強烈な神秘体験をする。私の理想は「創造的人間関係」。『小林秀雄論』（JCA出版）詩集『暗き淵より』（漉林書房）『梅崎幸吉作品集』（ギャラリーケルビーム発行）『小林秀雄論』（アマゾン電子書籍）『虚無的世界観からの超克』（アマゾン電子書籍）

孤高《ここう》の歩《あゆ》み
―虚無《きょむ》から創造精神《そうぞうせいしん》へ―

2024年5月29日　第1刷発行

著　者　　梅崎幸吉
発行人　　久保田貴幸

発行元　　株式会社 幻冬舎メディアコンサルティング
〒151-0051　東京都渋谷区千駄ヶ谷4-9-7
電話　03-5411-6440（編集）

発売元　　株式会社 幻冬舎
〒151-0051　東京都渋谷区千駄ヶ谷4-9-7
電話　03-5411-6222（営業）

印刷・製本　中央精版印刷株式会社
装　丁　　弓田和則

検印廃止

Printed in Japan
ISBN 978-4-344-69083-7 C0095
幻冬舎メディアコンサルティングＨＰ
https://www.gentosha-mc.com/